'아니'라고
말하고 싶을 때 읽는 대화법

망설이지 않고 센스 있게 말하는 거절의 기술

'아니'라고
말하고 싶을 때 읽는 대화법

이시하라 가즈코 지음
오시연 옮김

NO

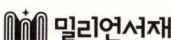 밀리언서재

왜 거절하면 안 되나요?

　사람들에게 상처받을까 봐 두렵다, 나도 남들에게 상처 주고 싶지 않다, 이런 두려움이 강한 사람은 자기가 원하지 않는 일도 참고 견디면서 하는 경향이 있다.

　하지만 자신의 마음을 무시하고 참기만 하면 남들과 교류하는 일이 점점 더 괴로워지고 결국 인간관계가 잘 풀리지 않게 된다. 더구나 그럴 때는 한심하다며 자신을 책망하기 쉬운데 사실은 거절하지 못하거나 남에게 부탁하지 못하는 성격에 원인이 있는 경우가 많다.

　남의 부탁을 거절하면 그 사람과의 관계가 나빠질 것 같다.

　남에게 어떤 일을 부탁하고 싶은데 거절당하면 상처받을까 봐 차마 말을 하지 못한다.

　혹시 당신도 이렇게 '상처받을까 봐 두려워하는' 사람인가?

그렇다면 그것은 착각이라고 말하고 싶다. 내가 상대의 부탁을 거절하거나, 상대가 내 부탁을 거절했을 때 서로 상처를 입는다거나 관계가 틀어진다면 상대에게 자신의 의사를 전달하는 말투나 표현하는 법을 알지 못하기 때문이다.

특히 직장에서는 '상사의 요구를 거절할 수 없다', '상대방의 요청을 거절한다는 건 상상도 할 수 없다'고 생각하는 사람들이 적지 않다. 당신도 그렇게 생각하는가? 그 또한 착각이다. 직장에서는 거절하지 못하면서 집에만 오면 가족에게 자신의 요구를 일방적으로 다그치지 않는가?

'말하지 못하고 거절하지 못하고 부탁하지 못하는' 사람들은 자신을 기준으로 삼지 않기 때문이다.

거절하거나 부탁하는 것에 대한 두려움을 누그러뜨리려면 '내가 하고 싶다, 하고 싶지 않다', 또는 '할 수 있다, 할 수 없다'는 것을 행동의 기준으로 삼아야 한다. 그러면 훨씬 일이 잘 풀릴 것이다.

　'거절할 때 필요한 마음가짐과 방법'을 구체적으로 말하면 다음과 같다.

- '할 수 있을까, 할 수 없을까'가 아닌 '하고 싶은가, 하고 싶지 않은가'를 판단 기준으로 삼는다.
- 어떤 일을 부탁받으면 그 일의 일부는 '해도 좋다', 또는 시간이 맞으면 '해도 좋다'는 식으로 쪼개서 생각한다.
- 할 수 있는 일이지만 '하고 싶지 않은' 자신의 마음을 인정한다.
- '거절하는 나'를 용납한다.
- 거절하기로 마음먹었으면 분명하고 명확하게 거절한다.
- 인간관계를 원활하게 하는 '중간적 거절하기'와 '중간적 받아들이기'를 숙지한다.

여기서 중요한 것은 '타인'이 아닌 어디까지나 '자신'에게 의식을 집중하는 것이다. 지금 당신은 내 말에 고개를 갸웃하며 반신반의할 것이다. 하지만 이 책을 읽고 실천해보면 그 의심은 확신으로 바뀔 것이다.

이시하라 가즈코

머리말

chapter 1

'아니'라고 말하지 못하는 심리

상대의 기분보다
내 마음부터 살핀다

chapter 2

거절하는 기준부터 정하자

기준을 정하는 것은
상대가 아닌 '나'

chapter 3

관계를 해치지 않고도 거절할 수 있다

마음을 열고 공감하되
적절한 거리를 유지하라

chapter 4

부드러운 말투로 거절하는 법

기분 나쁘지 않게
상처 주지도 않고

chapter 5

뒤끝이 남지 않는 자기표현력

머뭇거리지 않고
당당하게

chapter 6

한마디만 바꿔도 달라지는 마법의 단어

양자택일에서 벗어나면
대화가 풍부해진다

'아니'라고
말하지 못하는 심리

상대의 기분보다
내 마음부터 살핀다

거절하지 못하는 것
부탁하지 못하는 것

회사에 다니는 사람들은 동료나 상사, 부하직원과 함께 일해야 한다. 그런데 가끔 '왜 나한테는 이렇게 짜증 나는 일만 돌아오지?' 하고 불만을 품으며 마지못해 일하거나, '저 사람은 매번 당당하게 자기 일을 나한테 미루네' 하고 내 업무가 아닌 일을 '강제 할당받은' 기분이 들 때가 있다.

일단 상대방이 시키는 대로 하기는 하지만 마음속으로는 '다른 사람 입장은 생각하지도 않고 왜 저럴까……' 하고 비난한다. '어쩜 저렇게 뻔뻔스러울까. 다들 어이없어하는데 본인은 아무것도 못 느끼나 봐'라고 화가 치밀어 오를 것이다.

또 한 번 자기 일을 나한테 떠넘기면 이번에는 대놓고 말해야지 하고 벼르지만, 막상 그 순간이 오면 조금 전의 기세는 어디로 가고 뒤에서 끙끙거리기만 하는 사람도 있다.

그런 사람이 퇴근 후 집에 가면 어떻게 될까? 부모님이나 배우자, 아이는 감정을 숨기지 않아도 되는 친밀한 존재다. 직장에서 쌓인 울분을 토해내듯이 '되로 주고 말로 받기', 아니 '되로 받고 말로 주기' 식으로 상대의 말에 감정적으로 맞받아친다. 심지어 내 말만 옳다고 박박 우기기도 한다.

차분히 말하면 될 일인데도 가족들이 무심코 던지는 한마디에 반사적으로 '시끄러워!' 하고 소리 지를 때가 더 많지 않을까. 이렇게 남의 부탁을 거절하지 못하는 사람과 반대로 남에게 부탁하지 못하거나 부탁하지 않는 사람도 있다.

"다른 사람들과 함께 일하면 신경이 쓰여서 혼자 일하는 게 훨씬 편해요."

"차라리 혼자 해치우는 게 훨씬 빨라서 남들하고 같이 일하는 것보다 효율적이에요."

이렇게 말하는 사람들이다. 하지만 말은 그렇게 해도 사람이 남의 손을 전혀 빌리지 않기란 불가능하다. 그런데 왜 그런 생각을 하는 걸까?

아마도 서로 어우러져 살다 보면 부탁하고 부탁받게 마련인 인간관계의 기본적인 행위가 버거워서가 아닐까? 아니면 남의 부탁을 '거절하지' 못해 힘들어하는 성격일 수도 있다.

　이쯤 되면 눈치 빠른 사람은 알아차렸을 것이다. '거절하지 못하는 것'과 '부탁하지 못하는 것'은 사실 동전의 앞뒷면과 같다. 왜 그런지 차근차근 살펴보자.

'해야 한다'
'하지 않으면 안 된다'는 생각

주변을 돌아보면 '거절하거나, 부탁하거나, 부탁을 받아들이는' 일을 힘들어하고 잘하지 못하는 사람들이 의외로 많다. 혹시 당신은 무의식적으로 이렇게 생각하지 않는가?

- 자식은 부모의 말을 들어야 한다.
- 아내는 남편의 말을 들어야 한다.
- 부하직원과 후배는 내 말을 들어야 한다.

그런 생각은 한 번도 해본 적이 없다고 부인할지도 모른다. 하지만 곰곰이 생각해보자. 실제로는 '저 사람은 내 말을 들어야 한다'는 태도나 행동을 취하는 일이 적지 않을 것이다.

특히 가정에서 가사와 육아는 '아내의 몫'이라고 생각하는 사람들이 있다. 의도적으로 그러는 것은 아니지만 적극적으로 집안일과 육아를 맡아서 하는 남편은 여전히 소수이며 그 역할은 거의 아내 몫으로 떠넘겨진다.

요즘은 맞벌이 가정이 보통이다. 하지만 경제적인 부분을 주로 책임지는 사람이 남편인 경우, 아내는 집안일과 육아에 대한 부담이 커도 참고 묵묵히 떠맡는다.

아내가 용기를 내어 '파트타임으로 일도 하고 집안일과 육아까지 하느라 너무 피곤하다'고 호소해봤자, '나도 밖에서 일하느라 힘들다'는 말만 돌아온다.

이것은 직장에서도 마찬가지다. 상사나 선배들은 아랫사람들이 내 지시에 잠자코 따라야 한다고 생각한다. 심지어 동료에 대해서도 이렇게 생각하는 사람들이 있다.

"좀 더 눈치 빠르게 못 하겠어? 내가 뭐라고 하기 전에 알아서 움직여야 할 거 아냐."

거절하지 못하는 것은
싫은 것을 참는 것

왜 그렇게 생각하는 것일까? 한마디로 말하자면 모두 서로 '참고' 있기 때문이다. 참는 사람은 내가 참으니까 다른 사람도 참아야 한다고 믿는다. 참지 못하는 사람들을 보면 태도를 바꿔야 한다고 생각한다. 꾹 참고 노력하는 사람은 느긋해 보이는 사람을 용납하지 못하기 때문이다. 하지만 직장에서 생기는 고민이나 문제는 대부분 '참는 것'에 원인이 있다.

- 하기 싫은 일을 해야 한다.
- 하고 싶은 일을 할 수 없다.
- 내 생각을 자유롭게 말할 수 없다.

- **남의 부탁을 거절하지 못한다.**
- **남에게 부탁하지 못한다.**

　이런 생각을 가지고 있기 때문에 아예 처음부터 참는 것이다. 바꿔 말하면 자신의 기분이나 욕구, 소망을 억누르고 있다는 뜻이다.

　그런데 이렇게 참으면 심리적으로 불만이 쌓이게 마련이다.

　'항상 성실한 사람만 손해를 본다니까.'

　'착하게 살아봤자 손해야.'

　'약삭빠른 사람이 이득이야.'

　이런 분노와 증오, 시샘과 질투 같은 부정적인 감정이 스멀스멀 올라온다. 이렇게 자신이 손해를 본다고 느끼면서도 '저 사람한테 도저히 말 못 하겠어. 거절할 수 없어' 하고 참으면 부정적인 감정은 점점 더 증폭된다. 그 감정을 또 한 번 억누르면 불만이 쌓이고 쌓이다가 그 불만을 어딘가에 터뜨리지 않으면 큰일날 지경에 도달한다.

　결국 차곡차곡 쌓인 부정적인 감정은 나와 상관없는 사람들을 근거 없이 비방하거나 공격하는 식으로 표출된다. 또는 어떤 의사 결정을 할 때 암묵적으로 다수의 의견에 맞추도록 소수를 압박하는 동조 압력peer pressure이라는 형태로 폭발하기도 한다. 현

대사회를 살아가는 사람들에게서 종종 나타나는 현상이다.

　이것은 모두 '말할 수 없다', '거절할 수 없다'는 굳건한 믿음에서 비롯된다.

거절의 심리학
결과주의, 과정주의

신종 코로나19 바이러스가 전 세계를 덮치자 우리의 생활은 하루아침에 바뀌었다. 외출이 자유롭지 못한 상황에서 많은 사람들이 임시방편으로 재택근무를 하게 되었다. 코로나로 인해 야근이 줄어들고 재택근무와 같은 새로운 근로 방식이 정착되고 있다.

재택근무에 대한 반응은 크게 찬성파와 반대파로 나뉜다. 반대파인 사람들은 평일 낮에 회사에 나가 있던 가족들이 갑자기 하루 종일 집에 있게 되자 힘들어한다.

"혼자만의 시간이 없어져서 너무 스트레스야."

"삼시 세끼 차리다 보면 하루가 다 가네. 앞으로 계속 이렇게 살아야 하나? 생각만 해도 끔찍해."

이런 불만과 불안감을 감추지 못한다.

"집에 누가 있으니까 항상 나를 지켜보는 듯한 느낌이 들어서 숨이 막혀요."

그뿐 아니라 계속 함께 있다 보니 자신의 방식을 서로 강요하다가 '툭하면 싸운다'는 사람도 적지 않다.

반면 재택근무 찬성파도 있다. 물론 코로나로 인한 일종의 재난 상황이긴 하지만 "가족과 느긋이 보내는 시간이 생겨서 훨씬 끈끈한 사이가 되었어요"라는 의견도 있다.

"출퇴근을 안 하니까 가족과 오붓한 시간을 보낼 수 있어요."

"아침에 허둥지둥 서두르지 않아도 되니까 너무 편해요."

"가족과 함께 시간을 보내는 게 얼마나 중요한지 깨달았어요."

이런 소소한 의견도 있다.

"인생에 대한 가치관이 180도 바뀌었어요"라며 삶의 방식이 근본적으로 변했다는 사람도 있다.

그렇다면 재택근무 찬성파와 반대파의 의견 차이는 어디에서 기인할까?

우리는 일한 결과로 평가받는다. 오로지 성과를 올리는 것만 생각하며 앞으로 달리는 사람들은 아무래도 과정보다 결과에 초점을 맞추기 마련이다. 그러므로 결과가 나올 때마다 일희일비한다.

"일만 잘하면 됐지 과정이 무슨 상관이야. 모로 가도 서울만 가면 되지."

이렇게 큰소리치는 사람도 있을 것이다.

이런 성과제일주의자들에게 과정을 중시하라고 하면 어떤 반응을 보일까? 기뻐하거나 만족해하기보다는 당황하고 힘들어하지 않을까?

하지만 가족과 함께하는 일상은 결과보다는 과정이 중요하다.

"가족과 함께 보내는 시간이 많아서 정말 좋습니다. 가족과 지내는 시간을 헛되이 보내고 싶지 않아요. 함께 있으면 더 열심히 살아야겠다는 마음이 듭니다."

이렇게 생각하는 사람은 과정에 초점을 두고 그 시간에서 만족과 행복을 느낀다. 가족과 함께하는 시간을 긍정적으로 생각하는 것이다.

이처럼 재택근무를 반기는 사람과 반대하는 사람의 차이를 단순히 말하자면 '결과주의'와 '과정주의'의 차이라고 할 수 있다. 그러나 행복이라는 관점에서 보면 그것은 하늘과 땅 차이인 셈이다.

거절하면 싸울까 봐
두려운 사람들

과정을 중시하는 가족관계를 형성하는 방법을 설명하면 어떤 사람은 '뭐야, 이렇게 단순한 거였어?'라고 생각하고, 어떤 사람은 '머리로는 이해하지만 정작 실천하려고 하면 마음대로 안 되던데'라고 당혹스러워한다.

예를 들어 엄마가 게임에 빠진 아들에게 이렇게 말했다고 하자.

"엄마는 이렇게 바쁜데 너는 게임이나 하고 있니? 빨리 정리 좀 해."

당신이 아이라면 그 순간 어떤 식으로 반응할까? 혹은 어떻게 대답할까?

엄마의 명령조에 잠자코 따를 수도 있겠지만 마음은 당연히 기분이 좋지 않다. 엄마의 말을 듣고 싶지 않다면 어떤 식으로 말해야 할까? 엄마의 명령조에 아무 생각 없이 반응한다면 감정적으로 대꾸할 것이다. 엄마가 감정적인 말투로 지시해도 발끈하지 않고 깔끔한 기분으로 '거절할' 수는 없을까?

또는 당신이 재택근무를 하는 남편이라고 하자. 한창 일하는 중인데 아내가 방에 들어와서 이렇게 말하면 당신은 어떻게 할까?

"집에 있을 때는 애 좀 봐줘. 왜 만날 나만 이래야 해."

아내의 말투가 거슬리지만 싸우고 싶지 않으니 언짢은 얼굴로 아내의 요구를 들어줄까? 아니면 당신도 아내의 말에 감정적으로 되받아칠까?

아내의 요구를 거절하고 싶다면 어떤 식으로 말해야 할까? 당신은 다투지 않으면서 거절하는 법을 알고 있는가?

내 감정부터 헤아리자
자기중심 심리학

나는 오랫동안 심리요법을 연구하면서 독자적인 심리학을 구축해왔는데, 그것을 '자기중심 심리학'이라고 부른다. 자기중심 심리학의 기본은 '자기중심'과 '타인 중심'이라는 서로 다른 두 개념이다. 두 개념의 결정적인 차이는 글자 그대로 자신을 중심에 둔 삶과 타인을 중심에 둔 삶이다.

자기중심적 삶의 기준은 언제나 나 자신이다.

'자신을 기준으로 한다'는 것은 세상에서 일반적으로 말하는 '이기주의'와 다르다. 무슨 일을 하든 가능한 자신의 기분, 욕구, 감정, 의지에 맞춰서 살아간다는 뜻이다.

내가 그렇게 설명하면 사람들은 그게 어떻게 가능하냐고 되묻는다. 그것이 바로 결과주의와 과정주의의 차이점이다. 자기중심인 사람들은 '이건 반드시 이루고야 말겠다'는 목표를 갖지 않는다.

이기적인 사람은 무슨 일이 있어도, 설령 남에게 상처를 입히거나 남의 것을 빼앗아서라도 자신의 주장을 관철하거나 목적을 달성하려 한다. 그러나 자기중심인 사람은 결과보다는 과정에 초점을 맞추고 자신을 존중하고 사랑하는 삶을 산다.

다시 말해 자기중심은 '나' 자신을 상처 입히지 않는다. 자신을 존중한다. 그리고 어떤 상황에서도 '나를 사랑'하며 이런 상태를 지향하는 것이다.

자신을 소중히 여길수록 결과적으로 타인과의 관계를 비롯한 여러 가지 일이 잘 풀린다고 생각하는 것이 자기중심적인 사고방식이다.

'자기중심'으로 살면 앞뒤 살피지 않고 결과를 향해 돌진하지 않아도 일이 잘 풀리게 마련이다. 따라서 자기중심으로 살수록 좋은 결과가 나온다.

매일 상처받는
타인 중심의 삶

반대로 타인 중심의 삶은 모든 일을 하는 데 있어서 타인을 중심에 놓고 생각하고 판단하며 선택하고 행동한다. 자신보다 타인과 외부 환경에 무게를 두고 일반 상식, 규범, 규칙, 습관, 관습 등 외부 기준에 자신을 맞추거나 적응하려고 한다.

그러면 자신의 마음이나 생각, 기분보다 '지식과 정보'를 우선시한다. 손익계산이나 승패를 의식하는 것은 이런 타인 중심으로 생각하기 때문이다. 주위의 다른 사람들과 비교해 우열을 가리거나 누가 더 강한지 겨루는 것도 타인 중심의 의식에 사로잡혀 있기 때문이다.

타인 중심의 삶이 초래하는 가장 큰 폐해는 자신의 마음과 감정, 욕구를 잃어간다는 것이다.

우리는 엄청난 정보사회에 살고 있다. 자신의 감정이나 감각을 '즐기는 것'보다는 지식과 정보가 우선시된다. 결과주의도 따지고 보면 타인 중심으로 살라고 부추기는 것이다.

그래서 타인을 면밀하게 관찰하거나 분석하는 일을 잘하는 사람들이 많다. 하지만 그러다 보면 불행하게도 '나 자신'을 잃어버리게 된다.

이를테면 어떤 사람과 대화를 하는데 상대가 빈정거리는 투로 이야기했다고 하자. 그 사람은 원래 툭하면 빈정거리는 습관이 있는지도 모르지만 내가 상대방의 마음을 상하게 해서 빈정거렸을 수도 있다.

타인 중심의 사람 눈에는 상대방의 행위만 들어올 뿐 자신이 한 말이나 행동까지 생각하지 못한다. 그래서 타인 중심의 사람은 자신이 상대방을 상처 입혔을 거라는 해석보다는 '저 사람이 나를 상처 입혔다'고 해석한다.

자신의 의식이 상대방에게만 집중되어 있으면 그 사람의 말과 행동이 두드러지고 머릿속에 각인되어 오래 남는다. 그러면 상대방의 행동에 자신이 상처받았다며 화를 내고, 자신의 행동이 상대방에게 상처 준 것은 알아차리지 못한다.

따라서 타인 중심적 사고가 심한 사람들은 자신의 현재 마음,

현재 감정, 현재 욕구를 파악하지 못한다. 어떤 일이 일어난 순간에 자신보다 타인에 얽매여 있기 때문이다. 이것은 타인 중심의 사람이 가지는 치명적인 결점이다.

타인만 신경 쓰니
정작 내 마음을 모른다

　　실제로 타인 중심으로 사는 사람들은 종종 이런 말로 자신의
감정을 호소한다.

　　"내 마음을 나도 모르겠어요."

　　"내가 뭘 하고 싶은지 모르겠어요."

　　"내가 어떻게 하고 싶은 건지 알 수가 없어요."

　　심지어 자신이 원하는 일과 전혀 상관없는 일을 하고 있는 경
우도 적지 않다. 평소에 자신의 현재 감정과 감각에 초점을 맞추
고 있지 않으면 당연히 자신의 상태를 알 수가 없다.

　　그런 사람은 타인과 외부 환경만 눈여겨보기 때문에 주위의
다른 변화를 민감하게 알아차리지 못한다. 타인에 얽매이면 특정

인물에 대한 감정에 지나치게 신경 쓰면서 '분하다, 짜증 난다, 화 난다, 밉다' 같은 감정을 느낀다.

하지만 자신을 들여다보지 못하기 때문에 그런 감정을 어떻게 해소해야 할지 알 수가 없다. 내가 존재하지 않으니 '이 초조함을 없애고 마음을 충족하는' 방법을 모를 뿐 아니라 그러한 기술을 배울 생각조차 하지 않는 것이다.

실제로 자신의 부정적인 기분을 가라앉히거나 마음을 충족하는 표현 방식이 있다는 것조차 모르는 사람들이 많다.

그러한 감정이 해소되지 않으면 타인에게 그러한 감정을 표현하게 마련이다. 결국 '종로에서 뺨 맞고 한강에서 눈 흘기는' 식으로 엉뚱한 사람한테 터뜨리는 것이다.

이런 사람은 그런 마음을 직시하지 못하기 때문에 대놓고 비난하지도 못한다. 그러다 보니 안전한 곳에 숨어서 익명으로 남을 중상모략하거나 집중 공격하는 경우가 많다. 자신의 감정을 인식할 때조차 타인이 필요한 것이다.

거절하고 싶은 마음이
명확하지 않은 이유

타인 중심적인 사람은 사물을 판단하는 척도를 외부에 둔다. 타인 중심이 강해질수록 자신이 '하고 싶고' '하기 싫은' 욕구를 느끼는 감각 기능이 점점 무뎌진다. 더구나 원래부터 의무감과 강제성에 사로잡혀 있으므로 자신의 욕구와 마음을 충족해야 한다는 생각조차 하지 못한다. 어느 순간 감정이 '이제 진짜 못 하겠다'고 고통을 호소하는 때가 올 것이다. 하지만 타인 중심의 사람은 '그래도 해야 한다'며 그 감정을 부인한다.

이런 사람은 자신의 소망이나 욕구, 기분은 제쳐놓고 참아야 한다고만 생각한다. 자신의 마음을 충족시키려 하면 죄책감이 고개를 들기 때문이다.

그렇게 해서 타인 중심으로 계속 생각하고 행동하다 보면 무엇을 기준으로 결정해야 할지 알 수 없어서 외부 정보에 지나치게 의존한다. 또는 누군가가 지시하거나 명령하지 않으면 아무것도 하지 못한다.

우리 사회의 대다수가 심한 불안함과 초조함에 시달리고 타인과 자신을 비교하며 끊임없이 승패와 우열을 가리려 하는 것은 점점 '타인 중심'의 관념에 물들어 가고 있기 때문이다.

외부 기준에 맞추거나 따르기만 하면 자신의 욕구를 충족하지 못하며, 그때마다 부정적인 감정이 생긴다.

부정적인 감정이 쌓이고 쌓이면 누군가에게 그 감정을 터뜨리지 않으면 안 될 정도로 괴로워질 것이다. 물론 타인에게 감정을 터뜨린다고 해서 부정적인 감정이 사라지는 것도 아니다.

마음을 채우지 못하면 분노와 증오는 점점 몸집을 키워간다. 이것이 바로 극심한 부정적 감정의 정체다. 다시 말해 심한 분노와 증오는 이른바 '타인 중심'인 사람들의 전매특허라 할 수 있다.

'하고 싶다', '하기 싫다'는 감정을 존중하라

　자기중심의 핵심은 '자신의 감정과 욕구를 충족하는' 것이다. 그러려면 당연히 '나는 이렇게 하고 싶어!' '나는 이렇게 하기 싫어!'라는, 자신이 좋아하거나 싫어하는 것이 무엇인지 느낄 수 있어야 한다. 그것은 타인을 신경 쓰는 것이 아니라 독립적으로 느끼는 욕구와 감정이다.

　'이걸 하면 가슴이 설레고 몰입하게 돼', '일단 시작하면 시간이 어떻게 흐르는지 모를 정도로 재미있어', 이처럼 내 마음에서 생기는 욕구와 감정을 원동력으로 삼으면 만족감과 성취감, 행복감과 같은 긍정적인 감정이 샘솟는다.

　그와 더불어 '나는 ○○하는 게 너무 힘들어'와 같은 부정적인 감정을 느끼는 것도 중요하다. 자신의 감정과 욕구를 충족하기 위해 '○○는 하지 않겠다'고 결단하는 행위는 '그렇게 결단하기 잘했다'는 만족감으로 이어지기 때문이다.

미움받을까
두려워하지 마라

　우리의 말과 행동은 의식의 밑바닥이 자기중심인지 타인 중심인지에 따라 저절로 결정된다. 무척 단순한 원리다. 타인 중심인 사람의 의식은 끊임없이 타인에게 집중되어 있다. 말하자면 상대방에 맞춰서 이야기한다는 것이다.

　내가 입을 열어 말하기 전에 눈앞에 있는 상대, 즉 '당신은, 너는, 자네는, 이 사람은'으로 주어가 정해진다. 눈앞에 없는 사람을 떠올릴 때는 '그 사람은, 그 녀석은'이 주어가 된다.

　부정적인 감정이 타인을 향하면 그 사람에 대해 부정적인 기분이 든다. 다시 말해 상대방을 우호적인 존재가 아니라 자신을 공격하려는 '적'으로 느낀다.

무의식적으로 타인을 적이라고 인식하면 그 사람과 언쟁을 벌이거나 미움을 받을까 두려워하는 마음이 생긴다. 그러면 이런 마음이 든다.

　'내 마음을 솔직히 말하기 두려워.'

　'내가 거절하면 관계가 어색해지지 않을까.'

　'상대가 내 부탁을 거절하면 견딜 수 없을 거야.'

　이렇게 '말하지 못하고, 거절하지 못하고, 부탁하지 못하는' 종합 세트 상태가 된다.

　게다가 타인 중심의 사람들은 '다투지 않는 말투'로 이야기하지 못한다. '타인 중심의 의식'이 자동적으로 단어를 선택하기 때문에 이런 말들이 튀어나온다.

　"당신은 왜 그런 짓을 한 거예요?"

　"너는 대체 뭘 하는 거야. 네 앞날은 생각도 안 하니?"

　"자네는 자신이 무슨 짓을 한 건지 알긴 하나? 반성의 기미가 없잖아."

　"저 녀석은 도대체 몇 번을 가르쳐줘야 하는 거야. 차라리 회사를 그만두는 게 나을 텐데."

　거절할 때도 이런 마음이 든다.

　"왜 내가 그걸 해야 하는데? (네가 할 일이잖아.)"

　"그럴 시간 없어요. (지금 바쁜 거 안 보여?)"

"어휴, 못 해요. 왜 하필 이럴 때 (나한테) 부탁하는 거죠?"

대놓고 이렇게 말하지 않더라도 말투와 어조로 상대방을 책망한다.

어떤 일을 부탁할 때도 상대방에게 요청하기보다는 일방적인 지시나 명령하는 말투가 되기 십상이다.

"(당신), 이거 좀 해봐."

"(자네) 저 자료 좀 바로 준비해줘."

"뭐가 필요한지 알 거 아니야. (너) 좀 더 눈치 빠르게 움직여봐."

대화의 주어를
'나는'으로 시작하라

반면 자기중심의 사람은 의식이 자신을 향하고 있으므로 자동적으로 주어가 '나는'이 된다. 그렇다고 모든 말을 '나는'으로 시작하는 것은 아니다. 하지만 자신의 기분이나 감정, 욕구를 기준으로 삼기 때문에, 굳이 '나는'이라는 주어를 입 밖에 내지 않더라도 '나는'이라는 주어에 맞춰서 이야기한다.

'오늘은 (나는) 바빠서 몹시 피곤해. 그런데 서류를 제출해야 하잖아. 이번 주중에 해야 하는데 몸 상태를 무시하면 오히려 효율이 떨어지겠지? 몸은 정신과도 관계가 있으니 나중에 좋지 않은 영향이 있을 거야. 그러니까 오늘은 반나절 동안 아무것도 하지 말고 푹 쉬어야겠어.'

그러나 타인 중심의 사람은 이럴 때도 사고가 분산된다.

'하지만 일이 남아 있는데 어떡하지……. 마감에 맞추지 못하면 일이 끊길지도 몰라.'

이렇게 갈팡질팡하다가 결국 '피곤해도 참고 오늘 해버리자'라는 식으로 결정한다.

얼핏 상식적인 판단으로 보일 수도 있다. 하지만 자신의 마음 상태를 무시한 결정이 얼마나 비능률적이고 비합리적인지는 다음 장에서 살펴보자.

거절에도 긍정적인
대화가 필요하다

앞에서 재택근무를 하는 남편과 아내의 대화를 예로 들었다. 방에서 한창 일하고 있는데 아내가 들어와 "집에 있을 때는 애 좀 봐줘. 왜 만날 나만 이래야 해"라고 말한다고 하자. 남편과 아내가 서로 자기중심 사고를 갖고 있다면 이렇게 대화할 수도 있다.

"잠깐 시간 있어?"

"무슨 일인데 그래?"

"너무 피곤해서 낮잠 좀 자고 싶어서."

"음……." (아, 그렇구나. 공감하는 마음)

"그래서 1시간 정도 아이랑 좀 놀아주면 좋겠는데."

"좋아. 그럼 이것만 끝내고 할게."

"알았어."

"30분쯤 걸리니까 좀 기다려줘."

"고마워. 그럼 부탁할게."

이렇게 주거니 받거니 하는 캐치볼식 대화가 가능하다.

결과 중심이 아닌 과정 중심의 대화가 중요하다. 항상 자신이 원하는 결과를 얻을 거라는 보장은 없다. 그렇지만 자기중심적 사고를 가진 사람은 결과보다 과정에 초점을 맞추는 삶을 원한다.

주거니 받거니 하는 과정에는 심리적 마찰과 다툼이 없다. 이러한 대화가 오갈 때 편안하고 기분 좋은 가족관계와 인간관계를 형성할 수 있다.

또 실제로는 부정적인 대화로 내 주장을 관철하기보다는 이런 긍정적인 과정을 거치는 편이 '목표를 달성할 확률'이 훨씬 크다. 긍정적인 대화 과정이 공감과 상부상조, 협력이라는 마음을 끌어내기 때문이다. 물론 서로의 만족도도 그에 따라 커진다.

원래 이런 대화를 하려면 몇 가지 알아둬야 할 점이 있다.

다음 장에서 설명하겠지만 대화 능력이나 기법보다 우선 '자신을 받아들이는' 것이 무엇보다 중요하다는 것을 잊지 말자.

거절하거나 부탁하는 것에 대한 두려움을 누그러뜨리려면 '내가 하고 싶다, 하고 싶지 않다'는 것을 행동의 기준으로 삼아야 한다.

자기중심은 '나' 자신을 상처 입히지 않는다. 자신을 존중한다. 그리고 어떤 상황에서도 '나를 사랑'하며 이런 상태를 지향하는 것이다.

'나는 이렇게 하고 싶어', '나는 이렇게 하기 싫어'라는, 자신이 좋아하거나 싫어하는 것이 무엇인지 느낄 수 있어야 한다. 그것은 타인을 신경 쓰는 것이 아니라 독립적으로 느끼는 욕구와 감정이다.

chapter 2

거절하는 기준부터 정하자

기준을 정하는 것은
상대가 아닌 '나'

'타인 중심의 의식'과 '자기중심의 의식'은 바닥에 깔린 의식 자체가 정반대이므로 남과 대화를 할 때 사용하는 언어도 자연히 정반대가 된다.

의식에 차이가 있으면 소통을 하는 목적도 자연스럽게 차이가 난다. 타인 중심은 결과를 중시하고 자기중심은 과정을 중시하기 때문이다.

단순하게 생각하면 된다. 타인 중심의 사람은 자신의 마음이나 감정, 욕구는 무시하고 외부 기준에 자신을 맞추려고 한다. 그 때문에 자신의 의식이 외부를 향해 있다.

상대방에게 의식이 향해 있으면 언어를 입 밖으로 낼 때 사용하는 말도 그에 따라 정해진다. 대체로 상대방을 '책망하는, 공격하는, 요구하는, 명령하는, 강제하는, 억압하는' 말투가 된다. 그 사람에 대한 호의나 선의, 신뢰감 등 긍정적인 감정이 부족하면 더더욱 타인을 부인하거나 거부하는 부정적인 언어가 나올 수밖에 없다.

그러므로 상대방과 의견이 다를 경우 막무가내로 자신의 주장을 밀어붙이거나 강요하려 들고 결과를 중시하는 만큼 '싸워서 이긴다'는 마음이 더욱 강해진다.

반면 자기중심의 사람은 자신의 마음과 감정, 욕구를 기준으로 생각하고 선택하려고 한다. 무작정 자신의 주장을 밀어붙이기보다는 자신의 마음을 '해방시키고, 만족을 찾고, 마음의 응어리를 털어버리는 것'이 목표이다.

심리학에서는 이것을 가리켜 '자기표현'이라고 한다. 이들은 결과보다 다른 사람과 관계를 맺는 과정을 중시한다.

이것이 자기중심이 타인 중심과 결정적으로 다른 부분이다. 물론 그럴 때도 '되도록'이지 '곧바로, 반드시'라는 무모한 목표를 내걸지는 않는다.

이렇듯 자신의 언어와 행동, 말투는 의식의 밑바닥이 자기중심인지 타인 중심인지에 따라 자동반사적으로 정해진다.

'자신이 어떤 주장을 할 때마다 문제가 생기는' 타인 중심과

'모든 일이 잘 해결되어서 사람들과 신뢰를 쌓는' 자기중심의 차이점은 최초의 의식 상태에 따라 결정된다고 해도 과언이 아닐 것이다.

타인 중심인 사람들의 말과 행동은 이미 패턴화되어 있다. 그런 자신을 자각하지 못하면 다른 사람을 대할 때 자동반사적으로 타인 중심적인 말과 행동을 하게 된다. 물론 그것은 상대방도 마찬가지다.

남과 소통하는 법이나 표현 방식에 관한 정보는 세상에 얼마든지 있다. 그 방법을 배우고 참고해서 실제 생활에 써먹으려고 했더니 생각처럼 쉽지 않다고 하는 사람들이 꽤 많을 것이다.

머리로 생각할 때는 '아, 이렇게 하면 되겠구나'라고 이해할 수 있다. 또는 지난 일들을 돌아보며 '이렇게 했으면 좋았을 텐데'라는 아쉬움이 남는 경우도 있다. 하지만 현실에서 막상 실천하려고 하면 잘되지 않는다.

그것은 '상대방이 이렇게 말하면 나는 저렇게 반응한다'는 식으로 이미 자신의 의식이 패턴화되어 있기 때문이다.

인간관계는 항상 '나와 상대'의 상호작용으로 이루어진다. 이 점을 깨닫지 못하는 사람들은 상대의 말과 행동에 저도 모르게 끌려간다.

물론 자신만 그런 것은 아니다. 상대방도 마찬가지로 당신의 말과 행동에 무의식적으로 반응한다. 그 상호작용으로 점점 감정적이 되면서 결국 다투는 일이 잦아지는 것이다. 게다가 말을 하기도 전에 이미 태도나 표정, 분위기로 반응이 표출된다.

예를 들어 당신이 편하지 않은 얼굴로 쭈뼛거리면 상대방은 당신의 태도와 표정, 분위기를 읽고 기분이 상할 것이다. 상대방은 당신이 자신을 '무서운 사람', '함께 있고 싶지 않은 사람'으로 인식하고 거부한다고 느끼기 때문이다.

때에 따라서는 당신의 쭈뼛거리는 태도가 상대방을 자극해서 당신을 위협할 수도 있다. 당신은 '그런 뜻으로 말한 게 아니었지만' 그 당시 왠지 모르게 상대방이 쌀쌀맞았거나 짜증스러워하거나 버럭 화를 냈다면 당신의 쭈뼛거리는 태도가 도화선이 되었을지도 모른다.

이런 식으로 타인에 대한 불신감과 의심, 반발심, 분노, 미움과 같은 감정, 질투와 시기, 경쟁심 같은 부정적인 마음을 품고 있으면 그 마음이 상대방에게도 오롯이 전해진다.

설령 서로 의식하지는 못해도 무의식중에 그런 반응을 하는 것이다.

"내가 하고 싶은 말이 잘 전달되지 않아서 남에게 오해를 살 때가 많아요."

이런 일이 일어나는 것도 말을 하기 전에 이미 자신의 마음속에 있는 생각이 태도나 표정, 분위기로 상대에게 전해지기 때문이다.

인간관계는 이런 상호작용으로 서로 영향을 주고받는 것이다. 게다가 상대의 말과 행동에 '꽂히기' 쉬운 타인 중심의 사람일수록 상대방의 행동에 반사적으로 반응한다. 즉, 우리는 말이 나오기 전에 이미 상대의 기세와 의식에 반응하는 것이다.

거절은 '옳고 그름'의
문제가 아니다

타인 중심의 사람들은 외부의 정보와 일을 자기 인생의 기준으로 삼기 때문에 감정이나 욕구보다 정보와 지식을 우선시한다. 그러므로 자신에게 일어난 일을 포함하여 매사를 이성적인 사고로 해결하고 정답을 찾으려고 한다.

다시 말해 자신의 마음을 무시하고 지식과 정보에 의지하는 것이다. 그런 그들에게 '옳고 그름'은 자신을 지키는 유일한 성벽과 같다.

규칙이나 규율 같은 정해진 일과 일반 상식이 전형적인 예로서 '따라야만 하는' 모든 것이다. 이런 외부 정보와 규범을 기준으로 삼으면 '옳고 그름'이 생겨난다. 그런데 그것들 대부분은 자신이 경험을 통해 배운 것이 아니다.

'주변 사람들이 그렇게 말하니까, 모두 그렇게 하니까, 원래 그렇게 정해져 있으니까, 전통이니까, 상식이니까' 등 외부에서 올바르다고 하는 것들을 받아들이는 것뿐이다.

자신의 마음을 기준으로 행동하지 못하는 사람들에게 지식과 정보는 자신이 의지할 수 있는 유일한 것이다. 그들에게 그것은 '올바르고' '지켜야 할 것'이다.

- 학생은 교칙을 꼭 지켜야 한다.
- 회사에서 정한 일은 반드시 따라야 한다.
- 언론매체가 말하는 것은 옳으니 그에 따라야 한다.

이렇게 학교나 회사, 언론에서 하는 말들을 옳다고 생각하면 그에 반하는 모든 것들은 그르다고 규정하게 된다. 자신이 그 규범을 지키니 타인도 당연히 지켜야 한다고 요구하고 싶어진다. 하지만 사실은 '진심으로 그렇게 하고 싶어서'가 아니라 그렇게 하고 싶지 않아도 '안 하면 안 되니까 하는' 것이다.

자신은 그렇게 참으면서 힘들게 지키는데 타인은 그렇게 하지 않으면 '불공평하다'는 생각이 들면서 불평불만이 많아진다. 이것이 타인 중심의 전형적인 패턴이다.

거절은 이기고 지는
문제가 아니다

최근 '동조 압력'이라는 말을 쉽게 들을 수 있다. 동조 압력은 사회나 직장에서 다수의 의견과 소수의 의견이 있을 때 소수 의견을 가진 사람들을 다수 의견에 따르도록 암묵적으로 강제하는 것을 말한다. 직접적인 가해 행위에 해당하지는 않지만 뒷담화나 비판적인 눈빛, 무시와 같은 부정적인 태도와 표정, 분위기를 무기 삼아 심리적으로 타격을 줄 수 있다.

중과부적衆寡不敵이라는 말이 있듯이 머릿수로 공격하면 수적으로 대적하지 못하고 소수의 의견은 파묻히기 십상이다. 가령 다수 의견이 옳다고 해도 강제적으로 따르라고 하는 것은 결코 옳은 방법이 아니다.

정의를 실현한다는 명목으로 타인을 공격한다.

평화를 지켜야 한다면서 다른 나라와 무력으로 싸운다.

압도적 다수가 자신들이 옳다고 생각하는 믿음에 사로잡혀 다툼이라는 '옳지 않은 방법'으로 상대를 때려눕히고 자신의 올바름을 상대에게 인정하라고 요구하는 일이 종종 있다.

타인 중심에 빠져 있으면 자신이 어떤 행위를 하고 있는지를 알아차리지 못한다. 타인을 심하게 공격하는 것조차 올바른 일이라고 정당화할 수 있기 때문이다.

이럴 때는 자신이 인식할 수 있는 의식과 인식하지 못하는 무의식에 괴리가 생긴다. 무의식이라는 관점에서 보면 '다투는' 것이 진짜 목적이고, '올바름'은 상대를 공격하는 도구로 이용하고 있는 것이다.

거절의 기준은
내 마음이 원하는 대로

타인 중심의 사람들은 일단 무언가 정해지면 그것을 불변의 규칙인 듯이 착각하는 경향이 있다. 그래서 그것을 무조건 '지켜야 한다'고 생각한다.

본래는 규칙으로 정해져도 사람들이 그 규칙을 지키기 힘들어하면 규칙 자체에 문제가 있다고 생각하는 게 타당하다. 하지만 실제로는 고통을 참으면서 규칙을 지키려 하는 사람들이 더 많지 않을까.

당신은 어떤가. 당신이 생각하는 '지켜야 하는 규칙'에는 어떤 것이 있는가? 그중 하나를 생각해보자. '지켜야 한다'고 생각하는 그 규칙이 좀처럼 지켜지지 않는다면 어떻게 생각하는가?

'모두 잘 지키고 있는데 안 지키는 사람은 용납할 수 없어!'라고 생각하지 않는가?

코로나19 바이러스로 인해 외출을 자제하라는 정부의 요청이 있다. 그 방침을 지키도록 하려면 더욱 엄격하게 통제해야 한다고 생각하지 않는가. 그래도 지켜지지 않으면 '엄벌에 처해야 한다'고 생각하지 않는가.

자신의 올바름에 집착하기 시작하면 자신이 보기에 올바르지 않은 사람들을 배제할 수밖에 없다고 생각하게 된다. 자신의 믿음이 정말 올바르다고 해도 그 올바른 것을 관철하기 위해서라면 수단 방법을 가리지 않아도 된다는 생각은 대단히 위험한 발상이다.

그런 식으로 타인을 압박하는 모습을 무의식의 관점에서 보면 당신의 목적은 이미 자신이 올바르다고 생각하는 것을 타인에게 이해시키는 것이 아니라 타인을 공격하는 것이다. 심지어 공격의 칼끝은 종종 전혀 상관없는 상대를 향하기도 한다. 공격할 수 있다면 누구든지 상관없다고 할 수도 있으니 더욱 무섭다.

상대의 감정에
민감하게 반응하지 마라

사람들 대부분은 상대와 싸워서 이기고 싶어 한다. 그러기 위해 다음과 같이 다양한 방식으로 말하고 행동한다.

눈을 내리깔고 말한다

상대방을 무시하는 말투로 이야기한다

거만하고 반론을 허용하지 않겠다는 태도를 취한다

위아래도 없는 태도를 보인다

버럭 화를 낸다

감정적으로 군다

빈정거리는 말을 잘한다

그와는 정반대의 태도를 취하기도 한다.

위축된다

겁을 낸다

저자세로 나간다

남의 비위를 맞춘다

긴장하면서 억지로 웃는다

대놓고 싸우는 것은 아니지만 은근히 견제할 수도 있다.

삐진다

못마땅한 기색을 내비친다

심한 경계심을 드러낸다

험악한 눈초리로 노려본다

기분 나쁜 표정을 짓는다

사물을 삐딱하게 받아들인다

그 밖에 체념하거나 무력하게 보이는 것도 일종의 싸우는 태도다. 일단 상대의 의견에 반대하고 있기 때문이다.

예를 들어 부모 자식 간에 갈등이 있을 때, 아이가 무기력한 상태로 집에 틀어박혀 있으면 부모는 가슴이 아플 것이다. 아이가 그렇게 함으로써 부모는 강한 죄책감을 느낄 수 있다.

　누구나 말뿐 아니라 마음속에 있는 응어리나 뒤끝을 태도나 표정, 분위기로 표출한다. 그것이 긍정적이건 부정적이건 상관없이 서로 무의식적으로 그런 태도를 주고받으며 상호 반응한다. 특히 타인 중심의 사람들은 타인을 주시하고 있으므로 훨씬 민감하게 반응한다.

거절하고도 마음이
흡족할 수 있다면

경쟁이 일상적인 사회에서는 '위에서 아래'에 이르기까지 모든 계층에서 똑같은 일이 벌어진다. 자신의 힘을 이용해 상대방의 말문을 막고 윽박지르고 궁지에 몰아넣는다. 이런 식으로 '싸워서 이김'으로써 자신의 주장을 관철하고 따르게 만든다.

이럴 때 나오는 말은 대부분 '당신은, 너는, 자네는, 네놈은'이라는 이인칭이다. 그런 말들을 쏟아내다 보면 자신이 더욱 흥분되어 더욱 감정적으로 변한다. 하지만 '말하길 잘했어. 내 뜻을 전할 수 있어서 다행이야'라는 흡족한 마음이 들지는 않는다.

남과 다퉈서 가장 좋지 않은 점은 '상대에게 말하지 못하고, 거절하지 못하고, 부탁하지 못하게' 되는 것이다.

설령 상대방과의 다툼에서 이겼다 해도 자신은 마음의 상처를 입는다. 아무리 강해 보이는 사람도, 싸울 때마다 이기는 것처럼 보이는 사람도 똑같이 마음을 다친다. 이겼다고 해서 상처가 없는 것은 아니다.

게다가 싸울 때는 공포를 느낀다. 의식이 상대방에게 집중되어서 알아차리지 못할 뿐이다. 이런 공포심은 회를 거듭할수록 증폭된다.

아군과 적군으로 나뉘어 싸웠던 옛날의 장수들이 잠든 사이에 '누가 목을 베어갈까 봐' 두려워했듯이 밤에도 좀처럼 잠을 이루지 못할 정도로 무서워하게 되는 것이다.

더욱 중요한 문제는 싸우면 승패와 상관없이 '피해의식에 사로잡힌다'는 것이다. 그 누구도 이러한 감정을 피해가지 못한다.

상대방을 증오하거나 원망할 때는 이미 피해의식에 사로잡힌 상태라고 볼 수 있다. 서로 다투면서 피해의식이 강해지는 것이 가장 힘들다. 피해의식에 사로잡히면 상대방의 사소한 한마디에도 쉽게 상처를 받기 때문이다.

"오늘은 기분이 좋아 보이네."

누가 이런 말을 하면 피해의식이 있는 사람은 저 사람이 왜 그런 말을 하는지 골똘히 생각한다. '내가 평소에는 기분 나쁜 표정을 짓고 있다는 말인가?'라는 생각이 든다.

"이 정도 일은 할 수 있어야지"라고 말하면 '나를 아무것도 못하는 무능한 인간이라고 생각하나 봐' 하고 자신을 무시한다며 속상해한다.

게다가 피해의식이 강하면 상대방이 한 말 중에 자신이 상처받을 만한 말을 일부러 골라낸다. 상대방이 한마디만 해도 그 속에서 자신을 부정하거나 비난하는 듯한 말이나 미묘한 어감이 없는지 탐색하는 것이다.

그 한마디가 자신에게는 '전부'인 것처럼 신경 쓰고 상처받는다. 그러면서 피해의식은 더욱 커져만 간다. 사람들이 '옳고 그름'에 집착하는 것은 이런 피해의식 때문이 아닐까?

조건반사적으로 '네'라고
말하는 사람

A씨(여성)는 회사에서 이벤트를 마치고 퇴근할 준비를 하고 있었다. 그런데 다른 부서 동료가 "아직 소도구와 설비기기가 남아 있네요"라고 말했다. 그러자 A씨는 '그건 내 책임이 아닌데'라고 생각하면서도 조건반사적으로 "네"라고 대답해버렸다.

A씨는 '아, 또 그랬네' 하고 머리를 쥐어뜯으며 후회했다. '해야 하는' 유형인 A씨는 자신의 물러터진 성격을 답답해하면서도 그 일을 하지 않고 집으로 돌아가는 것도 찜찜했다.

이벤트가 있었던 장소는 3층인 데다 그 건물에는 엘리베이터가 없다. 계단을 하나하나 올라갈 때마다 다리는 점점 아파오고 "난 항상 이런 식으로 궂은일만 도맡아 한다니까"라는 푸념이 튀어나왔다.

각종 도구와 설비를 정리하면서도 '왜 하필 나한테 말을 건 거지? 자기가 하면 되잖아'라고 계속 동료를 원망했다. 이윽고 도구를 정리하고 집으로 갔지만 여전히 기분이 풀리지 않았다. 결국 집에서 어머니의 사소한 한마디에 발끈한 A씨는 어머니에게 화풀이를 하고 말았다.

'네'라고 대답하자마자
후회가 밀려올 때

A씨처럼 갑자기 허를 찔리듯이 요구 사항을 들으면 곧바로 '내 할 일이 아니에요'라고 대답하기 쉽지 않고, 엉겁결에 '네'라고 내뱉고는 후회와 원망만 가득하다.

"다른 사람이 무슨 말을 하면 곧바로 대답하고 싶어."

"단 한마디로 상대방의 입을 다물게 할 수 있는 방법을 좀 배워보고 싶은데."

이렇게 말하는 사람도 있다. 그것은 곧바로 대답해서 상대방을 움찔하게 하고 싶은, 즉 '싸워서 이기고 싶은' 욕구와 다름없다.

물론 내가 싫어하는 사람을 한 번에 눕힐 수 있다면 얼마나 통쾌할까. 그러나 이런 사람일수록 오히려 소통 능력이 떨어지거나 자신 없을 가능성이 크다. 상대방의 말을 곧바로 받아치지 못하고 뒤늦게 이렇게 말할걸 하고 후회하기 때문에 상대방을 한 번에 눕혀버리는 말을 하고 싶은 것이다.

원래 참는 습관이 있으면 말을 해야 할 때도 습관적으로 할 말을 꿀꺽 삼킨다. '말을 하는 것'과 '말을 삼키는 것'은 정반대 기능이다. 이것은 수십 년간 말을 삼키는 훈련을 해온 것과 같다.

그런 상태에서 갑자기 '할 말을 하자'고 독려한들 몸이 말을 들을까? 그것도 못 하는데 그 자리에서 상대방을 말로 이길 리가 없다.

평소에 할 말을 하지 않고 삼키는 버릇이 있다면 일단 말 그대로 '목소리를 내는' 훈련이 필요하다.

그런데 왜 할 말을 삼키는 것일까? 그것은 상대방과 언쟁을 하다가 상처받을까 봐 두려워하기 때문이다.

상처받기를 좋아하는 사람은 없다. 누구나 상처받지 않으려고 한다. 또한 사람들은 '내가 상처받는 것'이 아니라 '남이 나를 상처 준다'고 인식한다. 남에게 상처받는다는 피해의식이 작동하는 것이다.

그런데 언쟁을 두려워하고 다투고 싶지 않다고 생각하면서도 타인에게 의식을 집중하고 '상대를 비난하는 말투'밖에 할 줄 모른다. 이것이 타인 중심의 안타까운 점이다.

내 일이 아닌데도
'내가 해야 한다'는 착각

A씨도 말을 내뱉기 전에는 이런 말을 머릿속으로 중얼거렸다.

'왜 나한테 그런 말을 하는 거지?'

'본인이 알아서 정리하면 되잖아. 나한테 그런 말 하지 말라고.'

'지금 나한테 이래라 저래라 하는 거야?'

이런 말을 입 밖에 내려고 하면 아무리 부드러운 표현을 쓰려고 해도 한계가 있다.

"왜 저한테 그런 말씀을 하세요?"

"스스로 정리하시면 되잖아요."

"지금 저한테 지시하시는 건가요?"

밑바닥에 피해의식이 있으니 내용은 별 차이 없이 말끝에 '요'

자를 붙이는 게 고작이다.

물론 자신도 그렇게 말하면 언쟁이 벌어질 것을 잘 알고 있다. 과거에도 그렇게 말했다가 기분이 상했거나 어색해졌거나 말다툼이 벌어진 적이 있을 것이다. 그래서 할 말을 참는 것이다.

A씨의 내면에도 이런 생각이 복잡하게 엉켜 있다. 사실은 자신도 파김치여서 뒷정리를 하고 싶지 않았다. 하지만 반사적으로 '네'라고 대답하고 말았다. 그 자리에서 거절할 말이 생각나지도 않았다.

게다가 3층까지 계단을 걸어 올라가야 한다는 사실이 부정적인 감정을 부채질했다. 이때 동료는 사실을 말했을 뿐 A씨에게 하라고 강요한 건 아닐 수도 있다. 그저 친절한 마음에 상황을 알려준 것뿐일지도 모른다.

하지만 A씨에게는 '네가 해!'라고 들렸고, 저도 모르게 '네'라고 대답한 순간, '내가 해야 할 일'이 되어버렸다. 앞에서 A씨를 '해야 하는' 유형이라고 했는데 사실 많은 사람들이 '해야 한다' 병에 걸려 있다.

'네', '아니오' 외에도
대답할 말은 있다

A씨가 '자기중심'으로 생각할 수 있었다면 몇 가지 선택지가 있었다. 자기중심의 사람은 사물을 판단하거나 행동할 때 '자신의 마음을 편하게 한다, 자신의 부정적인 감정을 해소한다, 자신의 마음을 충족한다'를 기준으로 삼는다.

그러므로 오늘 중에 정리하라는 말을 들었다면 '왜 내가'라는 피해의식이 아니라 '내가 신경 쓰이니까 정리하지, 뭐'라고 생각할 것이다. 그렇게 하면 자신의 마음이 편하기 때문이다.

이런 자기중심적 발상을 할 수 있다면 '네'라고 답해도 그 일은 자신의 책임이 아니라는 걸 알기 때문에 자신이 '몹시 지친' 상태라는 것을 중심으로 말할 수 있다. 자신의 상태와 입장을 잘 파악하고 있으므로 이런 말이 자연히 떠오를 것이다.

"네, 오늘은 늦었으니 내일 정리할게요."

"네, 담당자한테 전달해놓겠습니다."

자신의 마음을 소중히 여기면 "오늘은 너무 피곤해서 퇴근하고 내일 할게요"라고 말할 수 있는 것이다. 아니면 "저하고 같이 하실래요?"라고 제안할 수도 있지 않을까.

나중에 부락하기 힘들까 봐 지금 거절하지 못한다

우리에게는 원래 '서로 돕고 싶어 하는' 욕구가 있다. 다시 한 번 말하지만 의무나 책임감이 아닌 '욕구'다. 그 욕구가 충족되면 자신이 남을 도왔다, 남에게 기여했다는 긍지와 만족감을 느낀다.

물론 그런 감정은 타인에게 긍정적인 마음을 갖고 있고 상대방과 싸워서 대립하지 않을 때만 가능하다. 승패를 겨루는 마음이 강하면 그렇게 되지 않는다. '하기 싫은데 억지로 한다'는 피해의식이 차곡차곡 쌓이면 어떻게 될까?

'나한테만 잡일을 시켜서 손해 본다.'

'움직이면 피곤하니까 손해 본다.'

'내가 했다가 실패하면 손해이니까 안 하는 편이 낫다.'

이렇게 계산적으로 생각하거나 몸을 사리는 데만 치중하게 된다.

타인에 대해 부정적인 마음을 갖고 있으면 상대방에게 어떤 말을 해야 할 때조차 '이렇게 말하면 그 사람이 나를 싫어하지 않을까?', '이런 걸 부탁하면 머리가 나쁘다고 생각하지 않을까?'라고 의심하다가 아무것도 하지 못한다.

상대에게 호의를 품고 있어도 스스로를 낮게 평가하는 사람은 상대가 자신을 거부할까 봐 두려움에 주저한다.

타인의 마음만 신경 쓰면서 상대의 반응을 부정적으로 추측하면 아무 말도 하지 못한다. 그렇게 되면 아무것도 해결되지 않으므로 다시 머릿속으로 이것저것 생각하다 결국 부정적인 마음만 키운다. 이런 사람이 부탁을 받으면 두려운 마음에 거절하지도 못하는 것이다.

'내가 거절하면 나중에 나를 골탕 먹이지 않을까?'

'거절하면 다른 사람들한테 무슨 말을 들을지 몰라.'

또 상대에게 호의적인 마음이 있다면 이후의 관계를 생각해서 거절하지 못한다.

'내가 거절했다가 저 사람과 어색해지면 어쩌지.'

'내가 거절하면 상처받을 텐데.'

부탁하기는
거절보다 더 어렵다

　사실 거절과 부탁은 동전의 앞뒷면과 같다. 그렇기에 자신감이 없는 사람은 이렇게 생각한다.

　'이런 내가 남한테 무슨 부탁을 하겠어.'

　'내가 부탁해도 들어주지 않을 거야.'

　큰맘 먹고 부탁했는데 거절당하면 상처받을까 봐 극도로 두려워하기 때문에 '내가 부탁해도 어차피 거절당할 것'이라고 단정 지어버린다. 그리고 아예 부탁을 하지 않고(하지 못하고) 혼자서 다 하는 것이다.

　사실 우리는 거절보다 부탁을 더 힘들어한다. 내가 부탁하면 상대에게 빚을 지게 된다거나 약점을 잡힌 듯한 기분이 들어서

인지도 모른다.

일반적인 관점에서 보면 감정적이거나 지배적인 태도를 보이며 일방적으로 자신의 요구를 강요하는 사람들은 대단히 강한 성격을 가진 것 같지만 사실은 반대다.

그들이야말로 '거절당했을 때 상처받는 것'을 대단히 두려워한다. 끊임없이 다투고 있으니 당연히 갈등이 많고 공포에 대해 남보다 훨씬 민감하게 느낀다.

상대방을 억누르거나 위협해서 자신의 말을 잠자코 따르게 하면 상처받을 일도 없다. 또 감정적인 말투로 내뱉을 때는 의식이 외부를 향해 있으므로 평소라면 두려워할 일도 잘 느끼지 못한다. 이것은 항상 다투는 사람들이 자신을 지키는 동시에 자신의 주장을 관철할 수 있는 강력한 방식이다. 자신이 원하는 것을 이루기 위해 소리 지르고 위협하는 방식으로 감정을 이용하는 것이다. 물론 그런 식으로 계속 행동하면 상대방이 누구이건 관계가 악화되기 마련이다.

그들은 상처받을까 두려워하지만 다른 소통 방식을 알지 못하는 것이다. 남을 억압하고 강요하는 것이 행동 패턴으로 굳어졌기 때문에 필요할 때는 또다시 그런 행동을 한다.

타인의 마음만 신경 쓰면서 상대의 반응을 부정적으로 추측하면 아무 말도 하지 못한다. 그렇게 되면 아무것도 해결되지 않으므로 다시 머릿속으로 이것저것 생각하다 결국 부정적인 마음만 키운다. 이런 사람이 부탁을 받으면 두려운 마음에 거절하지 못하는 것이다.

자기중심의 사람은 자신의 마음과 감정, 욕구를 기준으로 생각하고 선택하려고 한다. 무작정 자신의 주장을 밀어붙이기보다는 자신의 마음을 '해방시키고, 만족을 찾고, 마음의 응어리를 털어버리는 것'이 목표이다.

chapter 3

관계를 해치지 않고도 거절할 수 있다

마음을 열고 공감하되
적절한 거리를 유지하라

'그렇게 말하길 잘했어'
거절하고도 홀가분한 마음

　타인 중심으로 생각하는 사람은 의식이 타인을 향하고 남과 자신을 비교하므로 경쟁심과 전투 의식이 점점 커진다. 그러나 상대와 다투면 남는 것은 상처뿐이다. 상처받지 않고 자기주장을 하려면 상대방을 일방적으로 지배하거나 논리적인 말로 몰아붙일 수밖에 없다.

　대부분의 사람들이 상대와 이야기하기 전에 어떤 식으로 대화가 전개될지 머릿속으로 그려보면서 '상대방이 이렇게 말하면 나는 이렇게 말하자. 저렇게 말하면 이렇게 받아쳐야지'라고 준비한다.

　물론 자신이 상처받지 않기 위해서 만반의 준비를 하는 것이다. 하지만 사실 상대방과 대화를 하기 전에 밀리지 않도록 '논리적으로 무장해야 한다'고 생각하는 것은 상대와 싸우려는 의식이 있다는 뜻이다. 상대와 부드럽게 대화를 나누고 서로 이야기하길 잘했다며 기분 좋게 마무리할 생각은 하지 않는 것이다.

우리는 본래 자신을 소중히 여기고 사랑하며 자신의 마음이 가는 대로 살고 싶은 욕구를 가지고 있다. 그와 함께 타인과 친해지고 싶다, 서로 돕고 싶다, 서로 호감을 느끼고 싶다, 서로 믿고 싶다는 욕구도 있다.

"자신을 소중히 여기고자 하는 욕구가 중요한 건 알겠어요. 하지만 모든 사람들이 다른 사람과 친하게 지내고, 서로 돕고 싶어 할까요? 그건 좀 믿을 수가 없네요"라고 의문을 제기하는 사람도 있다.

그렇게 생각한다는 것은 그 사람의 내면에 '전투 의식'이 가득하기 때문이 아닐까?

논리적으로 무장하고 상대와 대화하는 것은 당연히 상대방을 이기기 위한 것이다. 하지만 밑바닥에 경쟁 의식과 전투 의식이 있으면 항상 마음의 긴장을 풀지 못한다. 그렇기에 상대방과 소통하는 것 자체가 버겁다. 무엇보다 자신은 느끼지 못하지만 항상 상처받는 것에 대한 공포심을 가지고 있다. 이렇게 되면 이기나 지나 별반 다를 게 없다.

마음을 열어야
거절하기도 쉽다

상대방을 이기는 것과 자신을 사랑하는 것은 완전히 다른 의미다. 그러나 대체로 사람들은 상대방을 이기면 자신이 사랑받고 만족스러울 것이라고 오해한다.

자신의 주장을 밀어붙이거나 논리적인 말로 상대방을 이기면서로 돕고, 신뢰하는 사이가 될 수 있을까? 그렇지 않다.

그렇게 신뢰하지 못하는 사이에서 상대방의 도움이 필요하다면 정중하게 요청하기보다는 일방적으로 지시하거나 명령할 수밖에 없다.

반대로 상대방이 나에게 도움을 요청하면 마지못해 받아들이거나 거부할 것이다. 마지못해 받아들이면 불만이 생긴다. 그렇다고 냉담하게 부탁을 거절하자니 마음 한구석에 죄책감이 남는다. 둘 중 어떤 선택을 하든 부정적인 기분을 느낄 수밖에 없다.

적어도 '내가 도와줄 수 있어서 다행이다. 그 사람에게 힘이 되어주었다'는 만족감은 들지 않을 것이다.

누구나 '말하지 못하고, 거절하지 못하고, 부탁하지 못하는' 이유는 상처받을까 두렵기 때문이다. 그러면서도 우리는 모순된 행동을 한다. 타인 중심이 되면 상대와 자신을 비교하며 승패에 집착하고 두려워한다.

'이런 말을 하면 언쟁이 벌어질지도 몰라(내가 지면 그 사람 말을 따를 수밖에 없어).'

'이런 말을 하면 그 사람이 나를 싫어하지 않을까(그러면 관계가 끝나겠지).'

그래서 논리적으로 완전 무장을 하고 절대 지지 않으려 하는 것이다.

하지만 타인을 적으로 인식하고 논리적으로 따지려 들면 대화를 부드럽게 이어갈 수 없다. 상대방과 친해질 수 없는 것도 당연하다.

상대가 허심탄회하게 이야기하고 싶어도 자기 내면에 그 사람에 대한 불신이 있으면 그러한 감정이 상대방에게 고스란히 전해진다. 그러면 상대방도 마음의 문을 닫아버린다.

상대가 도발하니까 나도 논리적으로 무장하는 것인가, 아니면 내가 논리적으로 무장하니 상대가 경계하는 것인가. 무엇이 먼저이든 간에 상호 신뢰하는 관계는 형성되지 않을 것이다.

'상처받는 것이 무서워서 논리적으로 공격하는 태도가 상대와의 관계를 망친다.' 이것은 실로 모순된 행동이다.

마주 보고 대화하는
소통의 힘

서로 신뢰할 수 있는 관계를 맺는 것은 누구에게나 중요한 일이다. 코로나19가 전 세계를 강타한 것을 계기로 재택근무와 같은 새로운 업무 형태가 계속 늘어날 것이다. 그러면 사람과 사람 사이의 거리가 멀어질 테니 서로 돕고 협력하기도 더욱 어려워지지 않을까 염려하는 사람들이 적지 않다.

"사람들을 직접 만나서 얘기할 기회가 줄어드니 점점 소통 능력이 떨어지는 것 같아요."

"마스크를 쓰고 대화하려니 상대방의 표정이나 마음을 읽기 힘들어요."

이런 목소리도 나온다. 하지만 다른 목소리도 있다. 마스크를 씀으로써 상대와 심리적 거리감이 생겨서 더 좋다는 의견이다.

"원래 상대의 얼굴을 정면으로 보면서 말하기가 힘들었는데 마스크를 쓰니 좀 더 말하기 편해졌어요."

"마스크를 하면 내가 누군지 모르니까 좀 대담해져요. 지금까지 민원이나 항의를 하고 싶어도 그냥 참았는데 마스크를 쓰니 내 주장이나 의사 표현을 하기가 한결 수월하네요."

그뿐 아니라 이렇게 고백하는 사람도 있다.

"사람들과 억지로 교류하지 않아도 되니까 스트레스가 줄었어요."

"나 자신이 사교적이지 못한 것에 대해 열등감을 느끼고 있었는데, 지금은 모두가 사람들을 사귀기 어려워지니 오히려 마음이 편하네요."

비대면 상황에 대한 긍정적인 반응이든 부정적인 반응이든 위의 말들은 모두 타인과의 관계를 긍정적으로 생각하지 않고 상호 신뢰 관계가 형성되어 있지 않음을 의미한다. 코로나19 팬데믹이 일어나지 않았더라도 사회 전반적으로 IT 기술이 고도로 발달하고 있지만 인간의 마음이 그에 따라가지 못하고 있는 현실이다.

머지않아 마스크를 쓸 필요가 없고 과거와 같은 환경으로 돌아간다 해도 우리 마음은 이미 돌아오지 못할 만큼 변해 있을지도 모른다. 좀 비약하자면 인간이 마음을 잃고 로봇처럼 살아가는 사회가 올 수도 있지 않을까.

사실 코로나19가 닥치기 전부터 무미건조한 인간관계가 우리 사이에 가로놓여 있었음은 부정할 수 없다. 코로나19의 확산으로 인해 그 문제가 표면화된 것뿐일지도 모른다.

대부분의 문제는
거절하지 못하는 것이 원인

거절하지 못하는 문제는 특히 가정에서 두드러진다. 코로나19 가 확산되기 전 가정에서 일어나는 문제는 '남편이 야근과 회식 때문에 집에 늦게 들어온다'는 내용이 주류를 이루었다.

이것도 거절하지 못하는 것이 가장 큰 원인이다. 남편이 '거절하지 못하는' 것이다. 직장에서 동료가 한잔하러 가자고 하거나 일을 부탁하면 그것을 거절하지 못한다.

자신이 하고 싶은 일이 따로 있어도 자기 사정은 뒤로 미룬다. 그런데 사실은 '거절하지 못하는' 현상이 집에서도 일어난다.

남편은 야근이나 회식을 거절하지 못해서 집에 늦게 들어오는 것일까? 그럴 수도 있지만 사실은 가족과 함께 시간을 보내는 것이 부담스럽고 답답해서 그런 것일 수도 있다. 그러나 집에 일찍 들어와서 함께 시간을 보내자는 가족의 요청을 대놓고 거절하지는 못한다. 그래서 무의식적으로 퇴근 시간이 다가오는데도 꼭 떠맡지 않아도 될 일을 한다거나 집이 아닌 다른 곳에 들르는 것이다.

가정에서 가장 큰 갈등 요인은 육아와 가사일을 분담하는 문제이다. 재택근무를 하게 되면서 가족이 함께 지내는 시간이 갑자기 늘어나자 아내들은 이렇게 호소한다.

"남편의 잔소리와 간섭이 지긋지긋해요. 삼시 세끼를 차리는 것도 보통 신경 쓰이는 일이 아닐뿐더러 남편은 육아를 전혀 도와주지도 않아요. 집안일이 늘어나서 힘들어 죽겠어요."

지금까지 그 문제가 불거지지 않았던 것은 각자의 일이 바빠서 마주치는 시간이 적었기 때문이다. 원래 있었던 문제였지만 바삐 움직이다 보면 어느새 하루가 지난다. 소소한 다툼과 갈등이 일어나도 언제나처럼 일상생활의 한 부분으로 치부하고 지나친 것이다.

예를 들어 아내가 불만스러운 얼굴로 이렇게 말한다.

"항상 집안일은 내 차지네. 나도 바빠 죽겠는데."

그러면 남편은 이렇게 대꾸한다.

"그렇게 하기 싫으면 안 하면 되잖아."

아내는 그 대답을 듣고 마음속으로 이렇게 생각할 것이다.

'아무도 안 하면 누가 하라는 거야. 결국 내가 할 수밖에 없잖아!'

이런 불협화음은 어느 가정에서나 볼 수 있다.

그런데 사실은 이런 핑퐁식 대화도 거절하지 못하는 것에서 기인한다.

이런 대화를 할 때 보통은 거절하는 것에 죄책감을 느낀다. 서로의 어조와 태도는 그렇게 보이지 않지만 사실 '마음속으로 자신의 자유'를 인정하지 않고 있다.

우리에게는 어떤 일을 '할 자유'와 '하지 않을 자유'가 있다. 그렇기에 그것을 서로 인정하기 위한 대화와 소통이 필요하다.

사람들은 대부분 알아차리지 못하겠지만 자신에게 그런 선택권이 있다는 것을 모른다. 그래서 자신이 '하고 싶다, 하기 싫다'를 주장할 때 왠지 모르게 찜찜함을 느낀다.

서로 찜찜함을 느끼면서 자기주장을 하려니 저도 모르게 '내 생각을 말하기 전에 상대방이 알아서 챙겨달라'고 요구하게 된다. 물론 서로 자기주장만 내세우면 대립할 수밖에 없고 당연히 감정적으로 표출하게 된다.

거절했을 때 돌아올
불이익에 집착하지 마라

"일적으로 관계된 만남이어서 거절할 수 없어."

"상사의 말을 어떻게 거절하나."

"모두 한잔하러 가자고 하는데 나만 빠질 수 없잖아."

특히 남편들은 '거절하지 못할 때'마다 이런저런 생각을 한다. 거절하면 상대와 관계가 나빠질 거라고 믿는 사람도 있다.

지시받은 일은 무조건 따라야 한다고 생각해서일까. 아니면 직장 동료들에게 소외되고 싶지 않거나 시키는 일도 하지 못하는 사람이라는 오해를 사고 싶지 않아서일 수도 있다.

지시나 부탁받은 일을 하지 않으면 인사고과에서 불이익을 받을지도 모른다. 상대가 부탁한 일을 거절하면 나중에 자신이 도움을 요청해야 할 때 상대방도 거부할 거라는 계산적인 생각도 있을 것이다.

아니면 매정한 사람으로 보이는 것이 싫거나 혼자 쩔쩔매는 동료를 보면 도와주고 싶은 마음이 들었을 수도 있다. 무엇보다 월급을 받아야 처자식을 먹여 살릴 수 있으니 가정보다는 일을 우선시해야 한다고 생각한다.

이렇게 여러 가지 제약에 속박당하므로 직장에서는 할 말이 있어도 꾹 참는다. 그러다 퇴근해서 집에 오면 '매일 직장에서 참고 견디며 일하는데 집에 있을 때만큼은 좀 자유롭게 쉬고 싶다'는 마음이 들 것이다.

'집에서는 신경 좀 안 쓰게 해줘'라고 아내에게 말하고 싶다. 물론 그것은 아내도 마찬가지다.

'쉬는 날은 집안일에서 해방되고 싶어.'

'아이 보는 게 얼마나 힘든지 알아? 하루만 해봐.'

'회사일만 하면 되니까 편하겠네.'

이렇게 '하기 싫지만 해야 한다'고 믿는 것이다. 본인 스스로 '거절할 수 있음'을 인정하지 않기에 거절하지 못하는 것이다.

직장에서는 아무런 대꾸도 하지 않고 고분고분 따르는데 가정에서는 반강제적으로 상대방이 알아서 챙겨주기를 바라니 당연히 싸움이 그치지 않는다.

하지 않아도 될
자유와 권리가 있다

상대방과 내가 거절할 수 있음을 서로 알고 있다면 빈정거리거나 비난 섞인 어투로 대화하지 않는다. 그 대신 이렇게 말할 것이다.

"오늘은 너무 피곤하네. 나 좀 쉴게."

아내가 자신에게 자유로울 권리가 있다는 것을 안다면 잠시 휴식을 취한다고 해서 죄책감을 느끼지 않는다. 몸이 피곤하면 무리하지 않고 휴식을 취하며 자신을 보살필 수 있다.

자신의 몸을 우선 챙기기로 마음먹었다면 말도 부드럽게 나온다. 아내가 부드럽게 말하면 남편도 "아, 그래? 오늘은 안 해도 돼. 내일 나도 도울게"라고 좋게 대답할 것이다. 이것이 서로 관계를 맺는 방법이다.

상대를 공격하려 들면 상대방도 반격할 채비를 한다. 비난하는 말투로 말하면 상대방은 그 요구에 따르기보다는 반발하게 마련이다.

마찬가지로 자신이 원하는 것을 선택할 수 있다고 생각한다면 긍정적인 말투로 이야기할 수 있다. 그러면 앞의 예처럼 상대방도 그 요구를 받아들이고 싶은 마음이 든다.

자신에게 선택권이 있다는 것을 미처 인식하지 못하는 사람은 아무리 원만한 소통 방식을 배워도 실제로 써먹지 못한다.

예를 들어 타인 중심의 사람은 '피곤해도 이걸 정리해야 한다'고 생각한다. 그래서 너무 피곤한 나머지 그 일을 하지 못하는 자신을 한심하게 생각하거나 죄책감을 느낀다. 반면 자기중심의 사람은 편안한 마음으로 '피곤하니까 좀 쉬어야겠다'고 생각한다.

그렇게 하면 자신을 존중한다는 느낌이 들고 쉬기를 잘했다고 휴식을 긍정적으로 느낄 것이다. 당연히 휴식하는 동안 쾌적하게 보낼 수 있다.

가짜 죄책감에
휘둘리지 마라

타인 중심의 사람들은 자신의 마음과 감정, 욕구보다는 타인과 외부 상황을 기준으로 삼고 타인이 세운 규칙을 따르려고 한다. 그래서 자신이 거기서 벗어났을 때 죄책감을 느낀다. 물론 이것은 '가짜 죄책감'이다.

이러한 사실을 알아차리지 못하고 타인을 기준으로 자신을 속박하면 타인도 똑같이 속박하고 싶어진다. 당신도 그렇게 하라고 요구하고 싶은 것이다.

의식이 타인을 향해 있으므로 부부간이라면 상대방을 비난하는 말투가 나온다.

"나 지금 일해야 하니까 밥 좀 빨리 줘."

"자꾸 말 시키니까 일을 할 수가 없잖아. 그런 건 일일이 묻지 말고 알아서 좀 해."

"아이가 시끄럽게 해서 집중을 못 하겠네."

"당신이 아이를 봐줘도 될 텐데 왜 그렇게 짜증을 내?"

자신이 원하는 대로 할 수 있다는 것을 인식하지 못하기 때문에 '말하지 못하고, 거절하지 못하고, 부탁하지 못하게' 된다. 상대가 원하는 것을 하지 못하면 죄책감도 들고 저도 모르게 감정적인 말이 툭툭 튀어나온다.

이런 말투는 아이들에게도 영향을 미친다. 물론 아이는 부모의 행동 패턴을 스펀지처럼 흡수한다. 예를 들어 아이가 과자를 먹고 싶어 한다면 어떻게 말하는 것이 좋을까?

"과자를 먹을 때는 먼저 손을 깨끗이 씻자."

"과자는 간식 시간에 먹자."

"과자를 먹고 나서 양치를 꼭 하렴."

이렇게 말하면 아이는 자신이 구체적으로 어떻게 해야 할지 알 수 있다.

그런데 타인 중심의 사람은 상대방의 행동에 주목하기 때문에 아이가 과자에 손을 뻗는 순간 반사적으로 이렇게 말한다.

"먹으면 안 돼!"

"과자 좀 그만 먹어라. 충치 생기면 어떡할 거야."

감정적인 말투로 하지 말라고 하면 아이는 어떻게 해야 할지 몰라 혼란스러워한다.

아이가 엄마의 지적을 받고 과자 먹는 것 자체를 '나쁜 짓'으로 인식하면 과자를 먹을 때마다 큰 잘못을 하는 것처럼 느낄 것이다. 그런 마음이 강해지면 자신이 뭔가를 먹고 싶은 욕구가 생기는 것 자체를 잘못된 것으로 생각할 수 있다. 또는 자신의 욕구를 충족하려고 할 때마다 타인에게 금지당하거나 방해받을까 봐 경계하기도 한다.

그러면 자신의 욕구를 채우려 할 때마다 죄책감을 느끼고 타인과도 갈등을 빚는다. 그 결과 진심으로 자신의 욕구를 느끼고 그 욕구를 충족하는 행위, 즉 자기만족이나 자기신뢰로 이어지는 행동을 좀처럼 하지 못한다.

자기신뢰란 자신을 믿는 힘을 말한다. 이 자기신뢰는 자신의 가치를 믿고 마음을 충족한 상태에서만 키울 수 있다.

자신의 욕구를 충족하는 일에 죄책감을 느끼면 결국 자신이 하는 일을 인정하지 못할 가능성이 크다.

상대는 부락할 자유
나는 거절할 자유

부모와 아이가 즐거운 시간을 보내면서 서로를 진심으로 존중한다면 간식을 먹을 때도 부드러운 말투를 쓸 것이다.

"같이 손 씻고 나서 먹을까?"

"같이 먹고 싶어."

"같이 양치하러 가자."

공격적이거나 비난하는 말투를 쓰지 않으려면 먼저 상대방을 인정해야 한다.

'자신을 인정한다', '상대를 인정한다', '서로 인정한다'는 말이 구체적으로 무슨 뜻인지 모르겠다는 사람도 있다.

'인정한다'는 것은 무엇일까? 인정하려면 먼저 자신의 자유와 상대의 자유가 무엇인지 구체적으로 파악해야 한다.

자유라는 말을 들었을 때, '나의 자유'는 '상대의 부자유', '상대의 자유'는 '나의 부자유'라는 식으로 '쌍방의 자유'가 성립할 수 없다고 생각하지 않는가?

이런 경우 생각의 토대 자체가 다르기 때문에 남과 다투게 되는 것이다.

'서로의 자유를 인정하는' 것을 구체적으로 표현하면 '서로의 영역'에 무단 침입하지 않는 것이다. 서로의 영역을 인정한다는 기본 원칙을 지키면 서로의 자유를 지킬 수 있다.

예를 들어 자신의 영역에서 '나'는 채소를 키우고 상대방은 그 사람의 영역에서 꽃을 심는다고 하자. 그런데 꽃을 심는 상대를 보면서 이런 생각이 들었다.

'식재료로 쓸 수 있고 몸에도 좋은 채소를 키우지 왜 꽃을 심는 걸까?'

상대의 행동을 신경 쓰면서 그 사람의 선택을 부정적으로 생각하는 것. 이것이 '상대의 자유를 인정하지 않는' 행위다.

서로의 자유를 인정한다면 '나는 채소, 당신은 꽃'을 키우면 된다고 생각하면 그만이다.

이런 마음의 경계선을 분명하게 그을 수 있다면 채소는 맛있어서 좋고 꽃은 아름다워서 좋다는 긍정적인 마음을 가지게 될 것이다. 그리고 '나는 채소를 좋아하니까 채소를 키우는' 것을 선택한다. 이것이 서로를 인정하는 기본 원칙이다.

　당신도 '자신을 인정하고 상대를 인정하는' 것을 몸과 마음으로 온전히 알게 되기를 바란다.

죄책감 없이
거절하기 힘든 이유

내가 상대의 영역에 들어가려면 당연히 그 사람의 허가와 동의를 먼저 구해야 한다. 반대의 경우도 마찬가지로 상대방이 '내' 영역에 들어오려면 나에게 허가와 동의를 구해야 한다.

이때 상대가 '당신의 영역에 들어가고 싶다'고 요청해도 내가 '들어오지 않으면 좋겠다'는 마음이라면 거절하는 것이 당연하다. 본래 죄책감을 느낄 필요가 없는 일이다.

그런데 일반적으로는 나의 점유지나 전유물을 상대가 이용하려고 하는 것에 대해서도 '노No'라고 말하기가 쉽지 않다. 그것은 자신의 소유물조차 '내가 이걸 독점하면 안 돼. 내 것이지만 타인에게 나눠줘야 해'라고 머릿속에 각인되어 있기 때문이다.

그렇게 생각하면 내키지 않아도 상대방이 자기 영역에 들어오는 것을 받아들인다. 물론 '마음에서 우러나온' 것이 아니므로 불만이 생긴다. 자기 영역에 들어와도 된다고 허락하긴 했지만 또 다른 요구를 하면 어떡하나 불안하다.

이웃과 친하게 지내고 싶은 마음은 자연스러운 것이다. 하지만 자신의 마음이 내키지 않는데도 억지로 이웃을 불러들이면 그것이 여러 문제를 일으키는 불씨가 될 수도 있다.

인간 본래의 다정함과 따스함은 죄책감과 아무 관련이 없다.

오히려 나의 것을 당당하게 '나의 것'이라고 자각할 수 있어야 마음 편히 이웃과 관계를 맺을 수 있다.

- 이웃이 무단으로 내 영역에 침입하지 않는다.
- 이웃이 방문하고 싶다면 내 허락을 받기 위해 의사를 물어볼 것이다.
- 이웃이 방문하고 싶다고 하더라도 그 순간 내 마음이 내키지 않으면 죄책감을 느끼지 않고 거절할 수 있다.

물론 이것은 반대의 경우에도 성립한다. 다시 한 번 정리해 보자.

- 내가 무단으로 상대의 영역에 침입하지 않는다.

106

· 상대의 영역에 들어가고 싶다면 먼저 허락을 구한다.

· 상대의 영역에 들어가고 싶어도 그 사람의 허락 없이는 들어갈 수 없다.

이때 상대가 죄책감 없이 거절할 수 있음을 알고 있어야 한다. 내가 상대의 요구를 죄책감 없이 거절할 수 있다면 상대가 그렇게 해도 내 마음이 상하지 않고 받아들일 수 있다.

문제는 거절 자체가 아니라
거절하는 방식과 말투

누구나 거절당하면 상처받게 마련이다. 하지만 다음 사항을 인정할 수 있다면, 자신이 남에게 거절당해도 상대도 그럴 자유가 있다고 생각하기 때문에 크게 상처받지 않는다.

- '나의 자유'를 인정한다.
- 그것은 곧 '상대의 자유'이기도 하다.

물론 머리로는 이해할 수 있을 것이다. 하지만 이론적으로만 이해할 뿐 정작 일상에서는 실천하지 못하는 사람들이 대부분이다. 현실에서 실천하지 못하니 다툼이 일어나는 것이다.

조금 다르게 말하자면 다툼은 '나 또는 상대방이, 아니면 둘 다 허가 없이 상대의 영역을 침범했기 때문에' 일어난다.

남의 요구를 거절했기 때문에 다툼이 일어나는 것이 아니라 대체로 거절하는 방식이 적절하지 않고 서로 상처 주는 말투 때문에 다투는 것이다.

예를 들어 이웃이 함께 나눠 먹으려고 음식을 가지고 와서 내 집 초인종을 눌렀다고 하자. 그때 당신이 그 사람을 집 안에 들이고 싶지 않다면 이렇게 거절하면 된다.

"고마워요. 하지만 지금 청소를 하느라 천천히 이야기를 나눌 시간이 없네요. 현관에서 받아도 될까요?"

물론 상대방은 당신이 집 안으로 들이지 않는 것에 상처받을 수도 있다. 그런 상황을 부드럽게 풀어줄 수 있는 말이 필요하다. 말은 상대방이 상처받을지도 모르는 상황에서 완충재 역할을 하기 때문이다.

그 이웃이 서로를 인정할 수 있는 사람이라면 "네, 음식만 건네드릴게요"라고 말할 것이다.

당신의 거절을 받아들일 수 있는 사람인가? 이것은 친구를 고르는 기준이 될 수도 있다.

적절한 거리를 유지하면
거절하기도 쉽다

코로나19 확산으로 인해 사람들은 '평온한 매일이 얼마나 소중한지 깨달았다'고 입을 모은다.

가정에서 육아와 가사를 함께 할 기회가 늘어나자 "항상 이렇게 힘들었겠군. 직접 해보니 이제야 알겠어"라며 아내가 얼마나 힘들게 하루를 보내는지 깨달았다는 남편도 있다. 이런 가정은 서로 '고맙다'는 표현을 전보다 훨씬 많이 할 것이다.

또는 '직장에서 받는 스트레스가 줄어서 업무 능률이 올랐다'거나 '재택근무를 하면서 오히려 내면에 충실하게 되었다'는 사람도 있다.

물론 함께 지내는 시간이 '즐겁고 기쁘려면' 일단 마음 편한 관계가 형성되어야 한다. 그러기 위한 기본 원칙이 '서로의 영역에 무단 침입하지 않는' 것이다.

서로의 존재를 스트레스로 느끼지 않으려면 적절한 거리가 필요하다. 상대방과 적절한 거리를 유지할 수 있으면 마음이 안정되고 서로 신뢰할 수 있다.

이런 안정감과 신뢰감이 바닥에 깔려 있어야 자신의 마음을 제대로 전할 수 있고, 어떤 문제가 일어났을 때 서로 대화로 풀어나갈 수 있다.

서로 적절한 거리를 유지하고 안심한 상태에서 긍정적으로 '전달하고 거절하고 부탁할 수 있어야' 숨 막히지 않는 관계를 만들 수 있다.

코로나19의 확산으로 인해 가족과 함께하는 시간이 늘었는데, 충족감과 만족스러움을 느끼는 가정이 있는가 하면 짜증이 늘어나 전보다 더 많이 다투는 가정도 있다. 그들의 가장 큰 차이점은 바로 '상대와 적절한 거리'를 두고 상쾌한 관계를 형성하는 것이다.

자신이 원하는 대로 할 수 있다는 것을 인식하지 못하기 때문에 '말하지 못하고, 거절하지 못하고, 부탁하지 못하게' 된다. 상대가 원하는 것을 하지 못하면 죄책감도 들고 저도 모르게 감정적인 말이 툭툭 튀어나온다.

남의 요구를 거절했기 때문에 다툼이 일어나는 것이 아니라 대체로 거절하는 방식이 적절하지 않고 서로 상처 주는 말투 때문에 다투는 것이다. 거절해야 하는 상황에서는 부드럽게 풀어줄 수 있는 말이 필요하다.

부드러운 말투로 거절하는 법

기분 나쁘지 않게
상처 주지도 않고

솔직함을 이기는
무기는 없다

같은 일을 경험해도 관점에 따라 세상이 전혀 다르게 보인다. 타인 중심의 관점을 가지면 죄책감은 커지고 자신감은 점점 잃어 간다. 그런데 오감과 감정을 느끼는 측면에서 보면 부정적인 감 각은 한층 날카로워지므로 끊임없이 부정적인 의식에 시달린다. 부정적인 사고를 하는 습관이 드는 것이다.

반면 자기중심의 관점을 가지면 실패하거나 능력이 없어서 안 되는 일조차 자신에 대한 신뢰를 키우는 계기로 활용할 수 있다.

자기중심의 근간은 '자신을 인정하는' 것이다. 어떤 모습이건 온전히 받아들일 수 있다면 자기신뢰를 키울 수 있다.

날마다 의식적으로 '자신을 인정하기'를 거듭하면 자신을 인정할 수 있는 범위와 정도가 점차 커진다. 그와 반비례해서 죄책감은 줄어들고 그 횟수가 쌓일수록 자기신뢰도는 높아진다.

사람과 적절한 거리를 유지하는 데는 자기중심적 관점이 필수다. 특히 자신의 영역과 상대의 영역을 구체적으로 알고 있어야 상대를 편하게 대할 수 있다.

타인 중심의 사람들이 가지는 기본적인 말투와 자기중심의 사람들이 가지는 기본적인 말투는 정반대다. 예를 들어 같은 일에 대해 타인 중심의 사람들은 이렇게 거절한다.

"왜 당신은 항상 나를 힘들게 하죠?"

"일일이 묻지 말고 모르면 스스로 찾아봐요."

자신의 시선이 상대방에게만 가 있으니 당연한 일이다. 이런 경우에는 상대방과 대립할 뿐 가장 중요한 '문제 해결'을 할 수가 없다.

자기중심의 사람들은 어떻게 거절할까?

"도움이 되기 위해서 여러모로 노력했지만 이 건에 관해서는 잘 모르겠네요."

"지금은 다른 일로 좀 바빠서 시간이 없네요. 오후 ○○시쯤 되면 시간이 나는데 그때 도와줄게요."

이렇게 자신의 마음을 솔직하게 따르며 거절할 수 있다.

'자신을 인정하고 우선시해도 된다'는 자기신뢰가 있기 때문이다. 또 자신을 인정하면 마음에 여유가 생겨서 정중한 말투로 거절할 수 있다.

이렇게 타인 중심과 자기중심은 거절한 뒤에도 정반대 방향으로 일이 진행된다.

공격적인 상대에게는
마음의 거리를 둬라

자기중심의 사람과 타인 중심의 사람은 상대와의 거리도 정반대다. 타인 중심적인 말투를 사용하면 심리적 마찰이 쉽게 일어나 상대와의 거리를 부적절하게 좁혀버린다.

자기중심은 되도록 자신이 의도하는 대로 말하기 때문에 일단 마음이 가볍다. 그래서 상대와 '마음의 거리'를 적절하게 둘 수 있다.

자기중심의 사람은 상대보다 '내가 ○○하다'는 점에 중점을 두므로 상대방을 불필요하게 책망하지 않는다. '상대를 부인하거나 비난하지 않고 거절할 수 있는' 것이 자기중심적인 말투의 강점이다.

B씨는 나무 한 그루를 두고 옆집 사람과 갈등을 빚었다. 사실 B씨가 자기 집 정원에 심은 그 나무 때문에 예전에도 투닥거린 적이 있다. 그때 옆집 주인의 공격적인 태도가 지금도 기억에 남아 B씨는 그 사람을 대하는 것이 두려웠다.

이번에는 그 나무의 나뭇가지가 이웃집의 간이 차고 위로 뻗어서 나뭇잎과 벌레로 골치를 썩고 있다는 것이었다. 옆집 주인은 험상궂은 표정으로 B씨의 어머니에게 한바탕 퍼붓고 갔다고 했다.

예전에는 그런 항의가 들어오면 정원사를 불러 가지치기를 하고 넘어갔다. 그런데 이번에는 아예 '나무 자체를 처리해달라'고 요구했다는 것이었다.

가족에게 부탁할까 했지만 사실 B씨는 부모님과도 사이가 별로 좋지 않다. 오히려 어머니는 민폐라는 표정으로 "네 마음대로 심은 나무잖니"라며 선을 그었다. 그러자 옆에서 듣고 있던 형이 "내가 대신 옆집 주인과 이야기해볼까?"라고 말했다. 하지만 B씨는 내심 형에게 기대고 싶지 않다.

그렇게 미적미적하는 사이에 시간만 흐르자 옆집 주인은 참다못해 다시 한 번 나무를 어떻게든 하라고 재촉했다. B씨는 결국 형에게 의지하기로 했다.

여기서 일어난 정황은 다음과 같다.

- 옆집 주인이 우리집 나무 때문에 거세게 항의했다.

- 나는 무서워서 직접 대면할 수 없다.

- 부모님은 도움을 청해도 냉담하게 뿌리쳤다.

- 형이 대신 이야기해보겠다고 말했다.

- 나는 아무것도 못 하고 어쩌다 보니 형에게 맡기게 되었다.

'부탁하길 잘했어'
만족스러운 부탁의 기술

같은 상황도 다양한 방식으로 받아들일 수 있다. 타인 중심의 B씨는 그 상황을 이렇게 받아들였다.

- 형이 처리하겠다고 나서자 '나는 형에게 졌다'고 느꼈다.
- 형의 의기양양한 표정을 보고 패배감에 속이 상했다.
- 형에게 신세를 진다고 생각하니 점점 더 자신감을 잃었다.

그러면 자기중심의 사람은 어떻게 받아들일까? 먼저 자신이 아직도 이웃집 주인과 이야기하기를 두려워한다는 것을 알고 있다. 그러한 자신을 받아들이는 것 자체가 긍정적이다.

무섭다는 감정을 긍정적으로 보면 '다른 사람한테 나 대신 얘기해달라고 부탁하자'라고 생각할 수 있을 것이다. 이 발상 또한 긍정적이다.

내 부탁을 듣고 형이 의기양양한 태도를 보였다 해도 그것은 '형의 자유'다. 그것 때문에 B씨가 자신을 낮게 평가할 필요는 없다. 오히려 자신과 형을 구분해 '형의 자유'라고 생각함으로써 자신을 폄훼하지 않을 수 있다. 형과 승부를 겨룬다고 생각하면 '못난 나'는 패배자라고 느낄 것이다.

하지만 자신의 모습을 온전히 인정할 수 있다면, 또는 인정하는 일을 반복하면 승부 의식이 점차 옅어진다. 그리고 "형은 남과 싸우면서 살겠지만 그건 형의 마음이다. 나는 승부 의식을 버리자"라고 인정하게 된다. 이런 자기중심적 해석이 가능하면 형과 심리적인 거리를 둘 수 있어서 마음이 편해진다.

또한 '직접 상대하기 무서워서 형에게 부탁한 것', 즉 남에게 부탁할 수 있었다는 점에 초점을 맞출 것이다. 그러면 '부탁하기를 잘했다'고 자신의 행동을 좋게 평가할 수 있다.

또한 형에게 "고마워"라고 감사의 표현을 했다면 자신에게 더욱 자부심을 갖게 될 것이다. 물론 자신의 내면에 '내가 못나서 다른 사람이 대신 해결해줬다'는 비굴한 감정이 숨어 있을 수도 있다. 그렇다 해도 감사의 말을 상대에게 표현하면 마음의 부담을 덜게 된다.

'무서워하는' 자신을 인정하면 상대에게 진심을 담아 '고맙다'고 말할 수 있을 것이다. 그렇게 함으로써 자신은 자부심을 갖게 된다.

내면에 부정적인 감정이 생겼다 하더라도 그것을 있는 그대로 인정하는 순간 강인함으로 전환된다. "나는 직접 상대하기 무서우니까, 형한테 좀 부탁할게"라고 솔직하게 표현할 수 있다. 그러한 진솔함은 자기신뢰로 이어진다.

이처럼 자기중심적 관점을 가진다면 문제에 맞닥뜨렸을 때 '자신을 성장시키는' 훈련을 할 기회로 삼을 수 있다.

내가 힘들지 않은 만큼만
배려한다

거절을 하지 못하는 사람들은 대부분 거절하면 상대와의 관계가 나빠질 거라고 믿는다. 관계가 나빠질 뿐 아니라 그러다 분쟁이 일어날까 봐 우려하기 때문에 차마 거절하지 못한다. 그들은 상대와 다투다 자신이 상처받을까 봐 극도로 두려워한다.

어떤 사람들은 상대방을 배려하는 마음에서 '저렇게 곤란해하는데 내가 거절하면 어떻게 될까'라고 걱정하는 마음이 앞선다. '상대방에게 상처 주고 싶지 않다'고 생각하면 거절할 수 없다.

거절당해서 상처받은 경험을 잊지 못하는 사람은 내가 거절하면 상대방이 상처받을 거라고 생각하며 마치 내 일처럼 느낀다.

이처럼 거절하지 못하는 사람은 상처받는 것을 두려워하기 때문에 차마 거절하지 못하고 일을 떠맡았다가 나중에 후회하거나 거절하지 못한 자신을 질책하기도 한다.

또는 거절하지 못하는 자신을 돌아보기보다는 '이런 것까지 나를 시키려고 하다니 나보다 어린 주제에 건방지기 짝이 없다'는 식으로 상대에 대해 분노하는 사람도 있다.

부탁하는 상대방의 마음을 멋대로 억측해서 나를 무시하거나 얕잡아본다, 가볍게 본다, 우습게 본다며 혼자 씩씩거리는 것이다.

거절도, 부탁도
결국 자신감이다

그런 사람들은 하나같이 남에게 부탁도 잘 못 한다. '힘들게 부탁했는데 상대가 거절하면 상처받겠지'라고 처음부터 단정한다. 그래서 상처받지 않으려고 '애초에 부탁하지 않는다'는 식으로 선을 그어버린다.

상처받는 사람들은 무의식중에 '거절당했는가 아닌가'라는 결과로 자신의 가치를 측정한다. 그러면 거절당할 때마다 상처받을 뿐 아니라 자신에 대한 평가 점수도 점점 낮아진다.

그 점수가 낮으면 남에게 부탁받았을 때와 마찬가지로 자신이 부탁할 때도 상대방의 마음을 부정적으로 생각하고, 나를 무능력한 사람으로 생각할 것이다, 얕잡아볼 것이다, 우습게 볼 것이라고 넘겨짚는다.

또한 자기 평가가 낮은 사람은 자신을 가치 없는 사람이라고 믿는다.

'나는 남에게 부탁할 자격이 없어.'

'나 같은 사람 때문에 다른 사람이 수고하다니 미안해서 어쩌지.'

'이런 나한테 누가 협조해주겠어?'

이렇게 비굴하고 비뚤어진 마음이 들면서 더욱 위축된다.

남에게 부탁하면 그들이 자신의 능력을 의심하거나 '스스로할 수 있는데도 노력하지 않는다고 생각하지 않을까' 걱정하기도한다. 부탁하는 것을 부끄러운 일로 치부하는 것이다.

이런 사람들은 남에게 어떤 일을 부탁하는 것은 자신의 무능을 드러내는 일이라고 생각한다. 평소에 감추어져 있던 자신감부족이 이럴 때 불쑥 드러난다.

이렇게 자기 평가가 낮은 사람은 '거절하지 못하는 사람'인동시에 '부탁하지도 못하는 사람'이다.

딱 잘라 말하지 않고도
얼마든지 거절할 수 있다

'남에게 부탁하면 오히려 번거롭고 시간도 더 많이 걸려.'

이런 식으로 남에게 요청하기보다는 모든 것을 혼자 하려는 사람들이 적지 않다. 그만큼 자신이 독립적이며 강한 사람이라고 믿는다. 자신의 힘만으로 달성하는 것이 진정한 능력이라고 생각하는가?

물론 혼자서 끝까지 참고 목표를 달성하는 것은 훌륭한 일이다. 혼자서 꾸준히 할 수 있는 인내력과 지속력은 남보다 뛰어날지도 모른다. 하지만 자신의 가슴에 손을 얹고 생각해보자.

당신은 남의 부탁을 기분 좋게 받아들이거나 죄책감 없이 거절할 수 있는가?

당신은 남의 도움이 필요할 때 솔직하게 도움을 요청하거나 상대에게 거절당해도 기분 나빠하지 않고 받아들일 수 있는가?

독립적인 성격인 것 같지만 실제로는 상처받는 것이 두렵고, 부탁을 받으면 거절하지 못하는 사람인지도 모른다. 이런 사람들은 다른 사람의 부탁을 거절하는 것도 신경 쓰이고, 자신이 남에게 부탁하는 것도 하지 못한다.

상처받고 싶어 하지 않는 것은 모든 사람의 공통된 마음이다. 상처받고 싶지 않기 때문에 '거절하기'를 두려워하고 '부탁하기'도 두려워하는 것이다.

"나는 거절도 잘하고 부탁도 잘하는데요."

이렇게 말하는 사람도 있다. 이런 사람은 "이거 좀 부탁드릴게요"라는 요청을 받으면 "지금 그럴 틈이 없다는 거 딱 보면 몰라?"라는 식으로 쏘아붙이는 경우가 많다.

남에게 어떤 일을 요청할 때도 일방적으로 "이것 좀 해줘"라고 명령조로 말한다. 그때 상대방이 "지금 당장요?"라고 물으면 상대의 말을 잘라먹고 "당연하지. 급하니까 부탁하는 거잖아"라고 강요하듯이 말한다.

이런 사람이야말로 상처받는 것을 극도로 두려워하는 유형이다. 이 사람은 상처받지 않으려고 처음부터 아예 위에서 찍어 누르거나 강제하는 방식으로 자신의 말을 따르게 하는 것이다.

부드럽고
센스 있게

일방적으로 말하는 사람은 상대방과 마주하며 소통하는 것이 불가능하다. 그런 사람들은 명령하거나 지시할 때, 특히 잔소리를 늘어놓을 때는 시선을 마주치지 않고 상대의 뒤나 옆에서 말한다. 어떤 일을 하면서 혼잣말처럼, 물론 상대방에게 들릴 정도로 말한다.

이런 사람들은 남과 대등한 입장에서 소통한 적이 없다. 부모 자식 관계나 가족 관계에서 그런 방법을 배우지 못했다. 경험이 없으므로 일상생활에서 실천하지도 못한다.

대화의 캐치볼은 야구와 같다.

공이 어느 방향에서 날아올지는 알 수 없다.

내 앞으로 공이 날아오면 곧바로 대응해야 한다.

하지만 캐치볼을 해보지 않은 사람은 공이 날아오면 놀라서 도망가거나 그 자리에서 얼어붙을 것이다. 구체적인 기술이 없으면 그때그때 날아오는 공을 적절하게 처리할 수 없다. 그런 연습조차 한 적이 없는 사람은 공이 눈앞에 날아와도 우왕좌왕하다가 끝날 것이다.

그것을 무의식중에 자각하고 있으므로 아예 "그런 일을 나한테 부탁하면 어떻게 해"라고 잘라버리는 것이다.

대화를 할 때는 상대의 이야기에 귀를 기울이면서 그때그때 대응해야 한다. 그 자리에서 바로 답변을 해야 할 때도 있다.

"이건 어떻게 하면 될까요?"

누군가가 이렇게 물었을 때 마음의 여유가 없고 싸우는 말투가 몸에 밴 사람은 대뜸 "그런 걸 왜 나한테 묻죠?"라고 내뱉는다.

"지금은 판단이 잘 안 서니까 잠깐 시간을 줘"라고 부드럽고 센스 있게 대답하지 못한다.

평소에 자신의 마음과 의지를 의식하지 않으면 상대가 "어떻게 생각하나요"라고 물어도 당연히 대답하지 못할 것이다. 그런 사람은 상대와 대화할 때 그 자리에서 잘라버리는 투로 말하면 다음과 같이 자신에게 더 유리하다고 생각한다.

- 더 이상 소통을 하지 않아도 된다.

- 이것저것 골치 아프게 생각하지 않아도 된다.

- 상대방이 던진 말을 단번에 돌려줄 수 있다.

이기려는 대화
질 수 없다는 마음

타인 중심의 사람은 상대에게 의식을 집중하기 때문에 무의식중에 상대방과 경쟁해서 이기려고 한다. 이기는 것을 목표로 삼으면 문제 해결은 뒷전이 되어버린다. 실제로 상대와 경쟁하는 것만 생각하면 상대의 논리가 맞다 하더라도 무조건 반대하게 된다. 하지만 서로 '문제 해결'에 초점을 맞추지 않으면 구체적인 해결 방법을 찾을 수가 없다.

당연하지만 도중에 자신이 잘못했다고 깨달아도 경쟁의 무대에서 내려오지 못하니 솔직하게 사과할 수도 없다. 타인 중심의 사람에게 사과하는 것은 '항복한다'는 뜻이다. 전투를 벌이는 사람에게 항복한다는 것은 '상대에게 굴복하고 무조건 따른다'

는 의미다. 그러므로 무슨 일이 있어도 질 수 없다는 마음만 강해질 뿐이다.

한편 자기중심의 사람은 자신에게 의식을 집중하므로 타인보다는 '자신의 마음, 감정, 의지'에 따른다. 그러한 의식이 밑바탕에 깔려 있기 때문에 상대방과 싸워서 이기기보다는 '자신의 마음을 충족하는' 것에 집중한다.

부정적인 일이 발생했을 때는 '그 문제를 어떻게 해결하면 내가 만족하고 수긍할 수 있을까' 생각한다. 또는 '자신의 기분이나 집착을 해소하고 홀가분해지려면 어떻게 해야 할지' 모색한다.

그러므로 자기주장을 할 때도 자신의 마음에 따라 '자신의 만족을 위해, 자기 마음이 홀가분해지기 위해서' 하는 것이다.

- 아무리 주장해도 다른 사람이 알아주지 않고 인정하지도 않는다.
- 내가 주장할수록 상대방이나 주변 사람들과 관계만 나빠진다.

누구나 한 번쯤은 이런 경험을 해보았을 것이다. 그러나 단지 자기주장을 했다고 해서 그렇게 된 것이 아니다. 자신을 지키기 위한 기술이나 자신이 만족할 수 있는 말투에 대한 구체적인 기술을 알지 못하기 때문이다.

어떤 일을 부탁받으면 일단 느낀 점을 말하자

타인 중심으로 생각하면 아무래도 공격적이고 지배적인 말투를 쓰기 때문에 상대와 마찰이 일어나기 쉽다. 그런 일이 반복되면 점차 자기 생각을 전달하거나 상대의 부탁을 거절하기가, 그리고 자신이 필요한 것을 부탁하기도 두려워진다.

반면 자기중심의 사람은 상대가 부탁했을 때는 우선 상대의 이야기를 들으면서 자신이 어떻게 느끼는지 자신의 마음을 파악한다.

- 상대가 하고 싶은 말을 이해할 수 있다.
- 그 사람에게 힘이 되어주고 싶다.

- 이야기를 들어봤는데 전면적으로 참여하라는 요청은 부담스럽다.
- A와 B는 기분 좋게 협력할 수 있다.
- C는 이 자리에서 대답할 수 없고 생각을 좀 해보고 싶다.
- '지금 당장'이라고 하니까 재촉당하는 것 같다.

이렇게 자신의 마음이 어떤지 파악한 다음 말로 표현해보자.

"말씀하시는 내용은 잘 알겠습니다. 저도 힘이 되어드리고 싶어요. 그런데 이야기를 들어보니 전면적으로 참여하길 원하시는 것 같은데 그건 어렵습니다. A와 B라면 흔쾌히 협력할 수 있어요. C는 지금 이 자리에서 대답하기 힘드니 시간을 좀 주세요. 지금 당장이라고 하시면 재촉받는 것 같아서 부담스러워요. 가능하면 저의 일정대로 진행하고 싶으니 자세한 내용은 나중에 의논드리겠습니다."

이런 식으로 최대한 자신의 기분을 파악하고 그에 따라 말하는 것을 자기표현이라고 한다.

자신의 기분을 말로 표현하면 만족할 수 있기 때문에 가슴에 응어리가 쌓이지 않는다. 자신의 마음에 부정적인 감정을 남기지 않기 위해 말로 표현한다.

그렇게 하면 마음속에 항상 불평불만을 안고 살지 않아도 된다. 따라서 '상대에게 이기는 것'을 목표로 삼아서는 안 된다.

내 마음을 있는 그대로
표현하는 법

'자신의 마음을 충족하기 위해'라고 생각하면 상대와 다투며 자신의 주장을 관철하려는 마음이 점차 줄어든다. 자신의 마음을 말로 표현했다는 '만족감'을 느낄 수 있기 때문이다.

물론 이것은 어디까지나 이상일 뿐이며 '조금씩 그렇게 말할 수 있으면 좋겠다'는 정도로 받아들이면 충분하다.

'되도록 자신의 마음에 따라서 말하자'고 정하기만 해도 자신의 마음에 근육이 하나 생긴 듯 '단단함'이 느껴질 것이다.

"나만 생각하면 상대방에게 상처를 줄 수도 있잖아요"라고 반론하는 사람도 있다. 자신의 마음을 그대로 표현했을 때 느끼는 만족감이나 상대에게 긍정적인 영향을 줄 수 있다는 것을 알지 못하기 때문이다.

반대로 그런 사람일수록 타인 중심에 빠져 있어서 상대와 격론을 벌이고 '이기고 지고' 하며 일희일비할 수도 있다.

자기표현은 그런 세상과는 관련이 없다. 자기표현을 잘할수록 '싸우는 세상'에서 멀어진다. 싸우지 않아도, 아니 싸우지 않는 편이 자신의 마음을 제대로 표현할 수 있는 방법임을 깨닫기 때문이다.

또 싸우지 않고도 자기표현을 할 수 있다고 확신하면 '큰맘 먹고 말해보려는' 용기가 솟는다. '다음에는 이렇게 말해보자'라는 생각이 떠오르면 그대로 실행해보게 된다.

자기표현을 할수록
자기긍정감도 커진다

자기표현을 계속 연습하면 자기신뢰가 커진다. 자신이 하지 못했던 일을 책망하거나 부인하기보다는 '할 수 있었던 것'에 초점을 맞추기 때문이다.

- 내 마음을 존중하기로 결정했다.
- 내 기분을 솔직하게 말할 수 있다.
- 평소보다 더 기분 좋게 말할 수 있다.
- 이야기함으로써 나를 지킬 수 있다.

'○○할 수 있다'고 스스로를 긍정하는 말이 점점 많이 튀어나올 것이다. '할 수 있었던' 것에 초점을 맞추면 자신의 마음이 그 행위를 '실감'하게 된다. 그것은 긍정적인 실감이다. 긍정적인 실감은 하나하나가 '자기 긍정'으로 바뀐다.

자기표현의 주된 목표는 '자신을 소중히 한다. 자신의 응어리를 해소한다. 자신의 마음을 충족한다'는 것이다. 자기표현을 함에 따라 자기긍정감도 커진다.

- 말하길 잘했어, 이제 마음이 놓여.
- 내 마음의 응어리를 해소해서 다행이야.
- 내 마음에 솔직하게 말하길 잘했어. 만족스러워.
- 나를 소중히 할 수 있어서 다행이야.

자기표현을 할 때마다 위와 같은 말을 소리 내어 내뱉을 필요는 없다. 말하지 않아도 긍정적인 느낌을 실감하는 순간 자신에 대해 긍정적인 감정을 느끼기 때문이다.

이런 경험이 차곡차곡 쌓이면 '자기신뢰'가 생긴다. 이것이 '자기중심적 자기표현'과 무의식적으로 이기는 것을 목표로 삼는 타인 중심적 자기주장의 다른 점이다. 그런 점에서 자기표현은 자기신뢰감을 높일 수 있는 가장 간단하고 효과적인 방법이다. 자기표현은 남이 아닌 '자신을 위한' 것이라고 할 수 있다.

거절을 하지 못하는 사람들은 대부분 거절하면 상대와의 관계가 나빠질 거라고 믿는다. 관계가 나빠질 뿐 아니라 분쟁이 일어날까 봐 우려하기 때문에 차마 거절하지 못한다.

'자신의 마음을 충족하기 위해'라고 생각하면 상대와
다투며 자신의 주장을 관철하려는 마음이 점차 줄어든
다. 자신의 마음을 말로 표현했다는 '만족감'을 느낄 수
있기 때문이다.

chapter 5

뒤끝이 남지 않는 자기표현력

머뭇거리지 않고
당당하게

거절의 핵심은
자기표현

19세기 일본의 소설가 나쓰메 소세키의 소설 《풀베개》의 서두에 이런 구절이 나온다.

이지理智에 치우치면 모가 난다. 감정에 말려들면 낙오하게 된다. 고집을 부리면 외로워진다. 아무튼 인간세상은 살기 어렵다.

우리의 일상생활이나 인간관계의 어려움을 단적으로 표현한 명문이다. 하지만 이것은 그야말로 '타인 중심의 세상'이다.

일본 문화는 예로부터 타인 중심에 익숙하다. 타인 중심일수록 '이지'와 '감정'과 '고집'이 각을 세우며 부딪친다. 지금도 여전히 그런 경향이 남아 있다. 지금은 나쓰메 소세키가 살았던 시대보다 더욱 정보화 사회이기 때문에 타인 중심에 빠진 사람일수록 잡다한 정보에 휘둘리며 더욱 살기 어려움을 느낄 것이다.

인간관계에서는 특히 '거절하는 것, 부탁하는 것'에 관해 머리와 마음을 소모하며 괴로워한다. 거절하고 싶어도 관계가 나빠질까 봐 겁이 나서 할 수 없이 부탁을 받아들인다.

하지만 인간관계가 나빠지는 것은 부탁을 거절해서가 아니라 말투가 적절하지 않기 때문이다. 누구나 불편한 관계가 되지 않도록 잘 거절하고 싶을 것이다.

나쓰메 소세키 식으로 이지와 감정과 고집이 충돌해서가 아니다. 이지와 감정과 고집이 자신의 내면에서 전쟁을 벌이는 것은 자신의 마음을 소중히 하지 않기 때문이다. 또 자신의 마음을 말로 나타내는 '자기표현'에 서툴기 때문이다.

오히려 내면의 이지와 감정과 고집을 소중히 여겨야 숨 막히지 않은 관계를 형성할 수 있다. 자신의 마음을 기준으로 거절하거나 받아들이거나 부탁할 수 있다면 자신과 타인을 존중할 수 있을 것이다.

의리와 인정을 따르기 전에
자기 감정을 억누르지 마라

"이럴 때는 거절해야 할지 받아들여야 할지 모르겠어요. 뭘 기준으로 판단하면 좋을까요?"

많은 사람들이 이렇게 묻는다.

그런 사람들은 열이면 열 자신의 마음보다는 상대와의 관계에 초점을 맞춘다. 상대와의 관계를 생각할수록 무엇을 기준으로 할지 헷갈리는 것이다.

"어떻게 하는 게 나한테 유리할까?"라고 마음이 아닌 머리로 득실을 계산하거나 '밀당' 차원에서 부탁을 받아들이는 사람도 있다.

"항상 친하게 지내는데 어떻게 거절하겠어."

"거절하고 싶지만 상대의 딱한 처지를 생각하면 그럴 수가 없네."

의리와 인정에 굴복해서 부탁을 받아들이는 사람도 있다. 언뜻 보기에 의리와 인정을 중시하는 것은 인간다운 모습으로 비쳐질 수 있지만 그것도 정도라는 것이 있다.

자신의 감정은 무시하고 의리나 인정만을 우선시하면 훗날 문제로 발전하기 쉽다. 타인 중심에 빠진 사람일수록 다른 사람의 일에 사로잡혀 자신의 기분이나 감정을 무시한다.

그것은 자신을 억누르는 행위다. 하지만 아무리 인내심이 강한 사람도 자신의 마음을 평생 억누르고 살 수는 없다. 어떤 일을 계기로 그 비틀린 것들이 밖으로 튀어나올 것이다.

자신의 감정을 억누르고 참는 동안 불평불만이 쌓여서 결국은 거절할 때나 부탁할 때 지배적이고 공격적인 말투로 인간관계를 악화시킨다.

하고 싶지 않으면
망설이지 말고 거절하자

자기중심의 사람은 항상 '자신의 감정과 마음'을 기준으로 판단하고 선택한다. 이것이 자기표현의 뼈대를 이룬다.

물론 '반드시', '무슨 일이 있어도'라는 절대적인 기준은 아니다. 이것은 초점을 맞추는 방법의 문제로서 자신을 기준으로 할지 타인을 기준으로 할지가 다를 뿐이다.

타인을 기준으로 삼으면 거절하고 싶은데 거절하지 못했을 경우, '오늘도 거절하지 못했네. 나는 대체 왜 이 모양일까' 하고 자신을 한심하게 여긴다. 그런 일이 반복되면 상대방을 의식한 나머지 점점 더 의사 표현을 하지 못할 것이다.

그에 비해 자기중심의 사람은 '사실은 거절하고 싶지만 차마 말을 못 해서 부탁을 받아들인' 경우에도 그런 자신을 솔직하게 인정한다.

'사실은 거절하고 싶었다. 하지만 거절하기가 그 일을 받아들이는 것보다 훨씬 두려웠다.'

내 안에 있는 두려움을 솔직하게 인정하면 더 이상 자신을 부인하지 않아도 된다. 부인해야 할 이유가 없다. 거절하지 못한 것은 자신에게 능력이 없어서가 아니라 거절하는 방법을 모르기 때문이다. 과거에 배울 기회가 없었다면 못하는 게 당연하다.

몰라서 그런 것이라면 단순하게 '이제부터 배우면 된다'고 생각하면 된다. 점차 다투지 않고 거절할 수 있게 된다면 성취감을 느낄 수도 있을 것이다.

그러기 위해서는 우선 이렇게 결심하자.

'하고 싶으면 받아들인다.'

'하고 싶지 않으면 거절한다.'

'앞으로는 자신의 마음이나 감정을 기준으로 결정하자'는 결단을 확실하게 자신의 내면에 심어주어야 한다.

참으면서까지
꼭 해야 할 일은 없다

"감정을 기준으로 판단하다니 말도 안 되는 소리야. 감정대로 말해서는 어떻게 제대로 소통할 수 있겠어."

이렇게 반론하는 사람은 사물을 자기중심으로 해석해본 적이 없는 것이다. 이런 사람일수록 문제 해결 능력을 갖추지 못하고 고민과 갈등만 하다가 항상 막다른 골목에 몰린 다음에야 행동하는 습관을 가지고 있을 것이다.

'문제가 복잡하게 얽여 있어서 그렇다'고 반박하고 싶겠지만 결국은 자신이 신속하게 대처하지 않았거나 주변 사람을 끌어들여서 복잡하게 만들었기 때문이다.

게다가 "이 사회에는 참고해야 하는 일들이 훨씬 더 많지 않나요?"라고 주장하는 사람일수록 감정적이거나 공격적인 말투를 사용한다.

예를 들어 며칠 전 어느 가게에서 모녀의 대화를 들은 적이 있다. 초등학생쯤 되어 보이는 딸이 중요한 물건을 안 가지고 온 모양이었다. 그 사실을 알게 된 엄마가 딸을 나무라기 시작했다.

"내가 말했잖아. 안 듣고 뭐 했니? 그게 아니잖아. 왜 미리미리 확인하지 않는 거야. 그러니까 그게 아니라니까. 아직도 모르겠어? 아, 진짜 넌 항상 그 모양이야."

아주 잠깐 동안 이런 말을 줄줄이 늘어놓았다. 타인의 행동에 항상 초점을 맞추고 감시하듯이 '못하는 부분'만 지적하면 이런 말투가 되게 마련이다. 문제를 해결하려는 게 아니라 자신의 부정적인 감정을 딸에게 퍼붓는 것이다.

딸은 한두 번 당한 게 아닌지 입을 꾹 다물고 고개를 푹 숙인 채 듣고만 있었다.

'이렇게 하면 어때?' 권유형 거절법

어떤 일이든 그것을 해야 하는 사람에게 관리할 책임도 있다. 아이는 '그것'을 놓고 옴으로써 벌어진 '결과'를 감내하고 있다. 따라서 부모는 불난 데 기름 붓는 격으로 아이를 궁지에 몰아넣는 말을 발사할 필요가 없다.

부모가 그렇게 공격하면 오히려 아이는 엄마에게 부정적인 감정을 품을 뿐이다. 아이는 '자신의 책임'을 배울 기회를 놓치는 것이다.

부모가 아이에게 책임감을 일깨워주고 싶다면 이런 식으로 말해야 한다.

"그렇구나. 안 되었네. 그럼 다시 집에 가서 가져오는 게 어때?"

이것은 어디까지나 '그렇게 하지 않을래?'라는 엄마의 의견이
자 요청이다. 말로 표현하지 않아도 그 안에는 '다시 간다면 나도
같이 가줄게'라는 마음이 담겨 있다.

아이는 이렇게 말할지도 모른다.

"알겠어요. 그럼 다시 집에 갈래요. 엄마도 같이 가줄 거죠?"

아이 스스로 엄마에게 요청하는 것이다.

아니면 이렇게 말할 수도 있다.

"네, 집에 갔다 와야겠어요. 이번에는 혼자 갈 수 있어요. 엄
마는 안 와도 돼요."

본래 이것은 아이 자신의 문제다. 엄마와는 아무 상관이 없다.
그러므로 엄마가 아이의 영역에 무단 침입해서 지시하거나 명령
할 수 없다. 엄마가 가진 선택권은 엄밀히 말하자면 '딸에게 협력
하거나 하지 않거나' 둘 중 하나다.

· 서로 상대의 자유를 인정한다.
· 상대의 영역에 무단 침입하지 않는다.

이 점을 명심하면 이렇게 말하게 될 것이다.

"그럼 일단 집에 다시 갈래? 그런데 오늘은 엄마가 시간이 없
으니까 혼자 갈 수 있지?"

엄마는 자신의 마음과 감정을 기준으로 생각해보고 딸에게 협력하고 싶지 않다면 거절하면 된다.

아니면 "다른 날로 미루고 싶은데 어떻게 생각하니?"라고 제안할 수도 있다.

이렇게 말하면 아이는 엄마에게 부정적인 감정을 갖지 않을 것이다. 더 나아가 아이는 자신의 행동을 자신의 마음에 따라 결정할 수 있으므로 성취감을 느낄 것이다. 엄마도 아이도 협력하는 분위기이므로 둘 다 만족스럽다.

이렇게 대화를 주고받을 수 있을 때 부모 자식 간에 신뢰 관계가 형성된다.

거절하기 전에
일단 공감하라

자신의 주장을 끝까지 밀고 나가는 사람이나 다른 사람에게 공감하는 마음이 부족해서 상대방을 헤아리지 않고 거절하는 사람을 강하고 권위 있는 사람이라고 생각하지 않는가? 자신의 부탁을 억지로 받아들이게 하는 사람을 훌륭하다고 생각하면서 동경하지는 않는가?

일반적으로는 그런 사람들을 뛰어나다고 생각하기 쉽지만 사실 대등한 관계에서는 '거절하지 못하고 부탁하지 못하는' 사람들이다.

앞의 사례에서 엄마는 아이에게 비난하는 어조로 일방적인 명령을 하거나 지시하고 금지할 수는 있다. 하지만 아이와 대등

157

한 관계에서 온화하게 소통하는 방법은 모른다.

기본적으로 상대방이 반발하거나 반론할 경우 어떻게 해야 할지 적절한 답변 방식을 알지 못한다. 다투지 않는 방식으로 말하는 기술도 갖고 있지 않다. 오히려 상대와 소통하는 것을 두려워하면서도 갈등을 유발하는 방식으로 말한다.

이런 사람들은 최선의 방어는 공격이라는 듯이 일방적으로 찍어 누르거나 감정적으로 말하거나 위협하는 방식으로 자신의 주장을 관철하려고 한다.

자기중심의
대화법

　　타인 중심의 말투와 자기중심의 말투는 출발부터 다르다. 타인 중심의 화법은 상대에게 의식을 맞춘 상태이므로 '당신은, 자네는, 너는, ○○씨는'이라는 주어를 쓴다.

　　말하기 전에 머릿속에서 펼쳐지는 사고와 대화가 이미 '당신은, 자네는, 너는, ○○씨는' 또는 '이 사람은, 저 사람은, 저 녀석은'으로 시작된다면 당연히 이런 말이 튀어나온다.

　　"당신은 왜 그렇게 하는 거죠?"

　　"(너는) 그런 짓을 하면 어떻게 될지 모르는 거야?"

　　"왜 자네는 시키는 일도 제대로 못 하는 건가."

"이러면 안 된다고 몇 번을 말해."

"이 정도는 할 수 있어야 하는 거 아냐. 일반 상식도 모르나?"

"당신은 대체 무슨 생각을 하고 있죠?"

한편 자기중심의 화법은 의식이 자신에게 있으므로 '나는, 자신은'이라는 주어를 사용한다. 머릿속에서 그리는 사고와 대화도 처음부터 '나는, 자신은'으로 시작된다.

"그건 이렇게 하는 편이 좋지 않을까요?"

"그런 방식으로 하면 이런 문제가 일어날 가능성이 클 겁니다."

"불만이 있을지도 모르겠지만 이 건은 (상사인 내가 결정했으니) 이렇게 해줘."

"이해가 잘 안 되는 부분이 있어서 다시 한 번 확인하고 싶은데 어떤가?"

"이런 방법으로 해줘. 잘 모르겠으면 언제든지 (내가 설명해줄 테니까) 물어보게."

"(당신이) 무슨 생각을 하는지 (나는 알고 싶으니까) 이야기해주지 않을래?"

상대에게 내뱉는 말투는 자신의 의식이 어느 쪽을 향하고 있느냐에 따라 거의 자동적으로 정해진다. 주어가 결정되면 다음 말도 자연스럽게 결정된다. 그 결과가 어떻게 될지는 이제 예상할 수 있을 것이다.

기분 좋은 관계를
만드는 자기 완결 말투

자기표현을 하는 방법은 다음과 같이 아주 단순하다.

자기 감정의 언어화 + 의지

특히 자신의 '의지'가 명확하고 확고하다면 그 의지에 따라 '자기 완결'을 할 수 있다. 상대에게 전달한다기보다는 자기 스스로 결단을 내리는 것이다. 상대에게 요구하지 않고 자신의 의지대로 자기 스스로 목적을 달성한다. 이렇게 스스로 결단을 내리는 방식으로 말하면 자부심과 만족감을 느낄 수 있다.

예를 들어 자신의 기분에 초점을 맞추면 이렇게 말할 수 있다.

"엄마가 걱정하는 건 잘 알겠어요. 하지만 이건 내 일이니까 내가 결정하고 싶어요."

"그 일로 가장 많이 고민하는 사람은 나야. 그러니까 이번에는 그냥 지켜봐 주면 좋겠어."

"아빠가 기대하는 답을 할 수는 없어요. 그러니까 그 일은 이제 포기하세요."

"당신이 무슨 말을 하든 당신 말을 따를 생각이 없어요."

"이렇게 이야기해도 언쟁이 될 뿐이니까 지금은 그만두지."

"당신이 불안한 건 잘 알겠어. 하지만 나도 힘드니까 지금은 이야기하고 싶지 않아."

의지가 명확하고 스스로 결단을 내리는 말투가 가능하면 그렇게 하는 것만으로 자신의 마음이 편해지는 것을 느낄 것이다. 상대의 요청을 거절할 때도 이렇게 말할 수 있다.

"지금 당장은 안 되지만 이 일을 마치고 나면 할 수 있어요."

"지금은 다른 일정이 있어서 1시간쯤 뒤에 이야기할 수 있는데 괜찮겠어요?"

"이번 주는 전혀 시간이 안 나네요. 다음 주 화요일과 목요일은 괜찮아요."

"지금 당장은 답변할 수 없어요. 좀 더 생각할 시간을 주시죠."

자신이 상대에게 힘이 되고 싶을 때는 "제가 돕고 싶어요. 필요하면 언제든지 말씀해주세요"라고 상대에게 말하면 '힘이 되고 싶다'는 자신의 마음을 표현할 수 있다. 이것도 '상대에 대한 요청'의 일종이다.

이런 식으로 '자기 감정의 언어화 + 의지'를 공식화하고 자기표현을 하는 것만으로 마음이 가벼워지고 만족감을 느낀다. 자신의 마음이나 생각을 말로 표현하는 것 자체가 '자신을 인정하는' 것이기 때문이다.

'나는 ~라고 생각한다'
자기표현의 기본

'내 감정을 있는 그대로 표현하기는 어려워. 말이 쉽게 나오지 않아. 그러면 머리가 더 복잡해지는 기분이야.'

이렇게 생각하는 사람들이 적지 않다.

"말투를 바꾸려니 더 혼란스럽다."

"타인 중심이 되었다가 자기중심이 되었다가 하니 뭐가 뭔지 모르겠어."

이렇게 말하는 사람들도 있다.

이것은 전혀 이상하지 않은 일이다. 타인 중심의 사람은 사고 자체가 '당신은, 자네는, 저 사람은, 저 녀석은'이라는 이인칭이나 삼인칭으로 이루어진다. 거기에 '나는'이 없다. 그것을 그대로 말로 표현하면 당연히 이렇게 된다.

"그래서 당신이 안 되는 거야."

"너는 잠자코 시키는 대로만 하면 돼."

"저 사람은 항상 저런 식이라니까."

"모두 그렇게 생각할 게 틀림없어."

이렇게 타인을 부인하거나 비난하는 식으로 말하게 된다.

한편 자기중심으로 사고할수록 '나'라는 관점에서 사물을 본다. '나는'이라는 사고 패턴으로 생각하기 때문에 자신의 마음을 명확하게 알 수 있다. 이것을 말로 표현하면 다음과 같다.

나는 ~라고 생각한다.

나는 ~라고 느낀다.

나는 ~하고 싶다. ~하기 싫다.

'내'가 무엇을 하고자 한다면 이렇게 표현한다.

나는 ~한다. ~하지 않는다.

나는 ~을 하겠다.

나는 ~하기로 했다.

선택할 자유가 있는
상대를 위한 거절법

타인 중심의 말투와 자기중심의 말투를 구체적으로 비교해보자. A와 B의 말은 내용상으로는 큰 차이가 없다. 둘 다 무슨 생각인지 궁금하다, 알고 싶다는 뜻이다.

A "당신은 대체 무슨 생각을 하는 거야?"
B "무슨 생각을 하는지 (나한테) 말해줄 수 있을까?"

실제로 소리 내서 말해보면 A와 B의 의식 차이가 확실하게 느껴질 것이다.

A는 타인 중심의 말투다. 상대를 보고 있으므로 상대를 부정

하고 질책한다. 상대의 대답을 기다리면서 실제로는 자신의 생각을 상대에게 강요하는 것으로 느껴진다.

애초부터 반론을 용납하지 않으므로 상대가 '말하고 싶지 않다'고 반발하려고 하면 상대를 더욱 구석으로 몰아가고 싶을 것이다. 그러면 상대는 거절하려고 해도 거절하지 못하고 계속 참고 견디는 수밖에 없다.

물론 그런 일이 점점 쌓이면 상대방도 "이제 작작 좀 하시죠!"라고 폭발할지도 모른다.

A와 같이 말하는 사람도 상대방에게 힘이 되고 싶고 협력하고 싶은 마음이 없는 것은 아니다. 하지만 타인 중심의 말투는 부정적인 감정을 불러일으킨다. 그 때문에 '상대에게 힘이 되고 싶다'기보다 '내 마음이 진정되지 않는다'는 기분이 커서 "(당신의 고민보다는) 내 마음을 어떻게 좀 해봐"라는 말투가 나오기 쉽다.

처음부터 "내가 원하는 대답을 해주지 않으면 가만있지 않을 거야"라는 마음이 있으면 상대방이 자신에게 굴복하기 전까지는 만족하지 않을 것이다.

타인 중심의 사람들이 대부분 불만이 가득한 것은 이런 식으로 '상대가 선택할 수 있는 자유'보다 '상대를 자신의 마음대로 하고 싶다'는 욕구를 품고 있기 때문이다.

B의 말투에는 다음과 같은 감정이 생략되어 있다.

"(나는 당신에게 힘이 되고 싶으니까) 무슨 생각을 하는지 (나한테) 말해줄 수 있을까? (물론 당신한테 강요할 생각은 없으니까 안심해.)"

'당신에게 힘이 되고 싶다'는 단순한 마음이다. 그리고 상대를 존중하고 "(당신이) 나를 믿고 말해주면 (내가) 기쁘겠다"고 할 뿐 결코 자신의 마음을 강제하지 않는다.

B의 말투는 "당신에게 힘이 되고 싶다는 내 마음을 전할 수 있어서 다행이야"라는 마음으로 완결된다.

자신의 마음을 전하는 것으로 완결하기 때문에 '내가, 내 마음을, 상대에게 전할 수 있어서 다행이야'라는 안정감과 성취감을 느끼는 것이다. 그 밑바닥에는 '내 요청에 상대가 답변할지 안 할지는 상대가 판단할 일이다'라고 상대를 존중하는 마음도 존재한다.

'말하고 싶지 않다면 말하지 않아도 된다'는 상대의 선택을 마음으로부터 인정하고 있다. 그렇기 때문에 상대방도 솔직하게 "지금은 말하기 좀 그래요"라고 거절할 수 있다.

상대가 '말하고 싶지 않다'고 해도 이미 그 시점에 마음은 서로 교류하고 있다.

중요한 것은 무리하게 원인과 이유를 상대에게 추궁하지 않는 것이다.

원인이나 이유를 탐색하는 것보다 더 중요한 것은 상대의 자유와 의사를 존중하는 마음이다.

그렇게 해서 서로의 마음이 조율되었을 때, "알았어. 지금은 말하기가 좀 그렇다면 언제든지 마음 내킬 때 말해줘"라고 온화한 마음으로 답하게 된다.

이렇게 긍정적으로 소통할 수 있다면 답답하지 않고 산뜻한 관계가 형성된다.

'거절하지 못한다'고 말하는 사람들은 '자신이 거절할 수 없는 것'이 문제라고 생각한다. 하지만 지금까지 예를 들어서 살펴보았듯이 거절하지 못하는 것은 자신만의 문제가 아니다. 당신에

게 어떤 일을 요청한 상대도 '거절할 자유를 인정하지 않는다' 식
의 투로 말하기 때문에 거절하기 어려운 것이다.

　이러한 점을 이해하면 거절하지 못하는 자신을 지나치게 책
망하거나 한심하게 생각하지 않을 것이다.

회사에서 상사나 동료가 퇴근 후에 술을 한잔하자고 권할 때가 있다. 그런데 그 사람과는 저녁 시간을 보내고 싶지 않다면 어떻게 해야 할까?

보통은 '오늘 몸이 좀 안 좋아서', '집에 일이 있어서', '선약이 있어서'라고 둘러댄다. 이런 식으로 세 번 정도 거절당하면 상대는 더 이상 같이 밥을 먹자거나 술 한잔하자고 권하지 않는다. 상대는 '나를 싫어하는구나'라고 판단할 가능성이 크다.

친하게 지내고 싶지 않은 상대라면 이런 말투로 거절하더라도 상관없다. 하지만 싫지는 않은데 퇴근 후에 함께 식사나 술 한잔하러 갈 정도로 가깝지는 않은 상대라면 좀 더 원만하게 거절하는 방법이 없을까?

대놓고 말하지는 않지만 타인 중심의 사람은 "(좋아하는 사람과는 가고 싶지만) 당신하고는 가고 싶지 않은데요"라는 말투가 된다. 이것은 '당신이 싫어요'라는 메시지를 전하는 것이나 마찬가지다.

직장에서는 항상 밀접한 인간관계를 맺게 마련이므로 상대와 거리를 두기가 어렵다. 지나치게 다가가면 좋은 관계를 유지하기가 더욱 곤란해질 것이다.

평소에 잘 참는 사람들은 같이 가고 싶지 않을 때도 소외될까봐 싫은 감정을 억누르고 '가고 싶어서 가는 표정'을 짓는다. 그러나 사람은 언제까지나 자기의 감정에 반하는 표정을 지을 수는 없다.

내키지 않는 감정을 가지고 있으면서도 자기도 모르는 사이에 상대와의 거리가 좁혀지면 결국 다툼이 일어나 갑자기 상대방이 뒷걸음질치게 된다. 이것도 일종의 '난폭한 거절법'이다.

부담이 커지면 다툰다,
가능한 범위에서 받아들이자

자기표현은 '가능한 범위에서' 해야 한다. 자신의 감정과 마음을 기준으로 두고 어떤 일이 일어나면 그때그때 자신의 마음을 살피면서 확인하고 "부담스럽게 느껴지는 일은 되도록 하지 않는다"는 것을 판단 기준으로 삼는다.

이것을 무시하면 점차 부담이 커지고 어느 시점에는 다툼이 일어난다. 싸움으로써 상대와의 거리를 대폭 넓히는 것이다.

그것으로 아예 거리가 멀어지면 상관없지만 심리적으로 '상대가 하루 종일 신경 쓰인다'면 오히려 상대와의 거리가 부정적으로 좁혀지는 것이다.

요즘 과격한 다툼이 늘어나는 것은 그만큼 사람들이 적절한 거절법이나 부탁하는 법을 모르기 때문이다.

자기중심의 사람이라면 자신의 상황이나 마음을 솔직하게 말할 수 있다.

"그렇게 권해줘서 고마워요. 하지만 오늘은 중요한 안건을 처리하느라 피곤하네요. 집에 가서 푹 쉬려고요."

"오늘은 집에서 하고 싶은 일이 쌓여서요. 권해줘서 고맙습니다."

"오랜만에 집에서 좋아하는 걸 할 수 있을 것 같아서 바로 가봐야겠어요."

동료나 후배라면 좀 더 편한 말투로 전달할 수 있다.

"오늘은 아이와 약속이 있어서 먼저 갈게."

"오늘은 너무 피곤해서 집에서 푹 쉬고 싶어. 다음 주에는 괜찮아."

거절하는 이유가 개인적인 일이어도 상관없다. 오히려 일과 사생활을 명확히 구분해서 사적인 시간도 중시할 필요가 있다.

부담이 불만으로
이어지지 않도록

상대나 주변에 맞추느라 거절하지 못하고 억지로 교류하면 점차 부담감이 차곡차곡 쌓인다. 그러한 부담을 그대로 방치하면 어딘가에서 여파가 미치게 마련이다.

예를 들어 마음이 내키지 않는데도 거절하지 못하고 항상 상대의 요청을 받아들인다고 하자.

"내가 협조한 덕분에 함께 일할 수 있어서 다행이야"라는 기쁨은 없다. 함께 밥을 먹을 때조차 각자 부담으로 할지, 자신이 살지, 상대가 낼지에 따라 불만의 씨앗이 될 수도 있다.

게다가 그런 부담이 쌓여서 어딘가에 분출할 때는 폭발의 정도가 엄청나게 커진다. 그러므로 평소에 부담스럽지 않는 정도로 선택의 기준을 정하는 것이 좋다.

"무리하면 할 수도 있겠지만 부담스러우니까 거절하자"고 결정할 수 있다. 또는 "오늘은 바빠서 무리야"라고 거절했어도 부담이 되지 않는 범위 내에서 다른 날은 시간이 난다, 아니면 일정 부분은 도와줄 수 있다고 받아들일 수도 있다.

자신을 존중하면 이렇게 거절하는 방법이 점차 능숙해진다. 그리고 그것은 곧 '받아들이는 방법'이기도 하다.

다시 말해 거절하는 것과 받아들이는 것은 같은 것이다.

'하고 싶으면 받아들인다', '하고 싶지 않으면 거절한다', '앞으로는 자신의 마음이나 감정을 기준으로 결정하자'는 결단을 확실하게 자신의 내면에 심어주어야 한다.

자기표현은 '가능한 범위에서' 해야 한다. 자신의 감정과 마음을 기준으로 두고 어떤 일이 일어나면 그때그때 자신의 마음을 살피면서 확인하고 "부담스럽게 느껴지는 일은 되도록 하지 않는다"는 것을 판단 기준으로 삼는다.

chapter 6

한마디만 바꿔도
달라지는 마법의 단어

양자택일에서 벗어나면
대화가 풍부해진다

당당하고
자신만만하게

어느 보도 프로그램에서 A와 B가 토론을 했다. B가 정치가의 성품에 대한 견해를 말했다.

"인간성은 성장 과정과 환경으로 결정됩니다."

그 말이 끝나기가 무섭게 A는 "아뇨, 저는 그렇지 않다고 생각하는데요"라며 B의 발언을 가로막았다. 그래도 B는 "정치가의 성품이 어떤 정책에 역점을 둘 것인지 결정합니다"라며 자신의 의견을 계속 피력했다.

A는 부정적인 추임새를 넣으며 이렇게 반론했다.

"인간을 보는 관점으로 그 사람의 성장 과정 운운하는 건 적절하지 않은 것 같은데요. 그렇게 말하면 성장 과정이나 환경이

힘들고 정말 엄청나게 고생하며 살아온 사람들은 정치가로 입문
할 기회가 없는 거 아닌가요."

"그런 뜻으로 말하는 게 아닙니다. 정책을 추진할 때는 그 사
람의 가치관이 반영되니까 제대로 검증해야 한다는 뜻이에요."

"그런 가치관도 어차피 인간이 가지는 것이잖아요. 게다가 가
치관을 정책에 반영할 수 있을 만큼 능력 있는 국회의원이 몇이
나 되겠어요."

A와 B의 이야기는 논점이 전혀 다르다.

B는 자라난 환경이나 성장 과정이 정책 결정에 반영된다고
하는데, A는 그것을 처음부터 부정한다. 그리고 B에게 어떤 의미
로 말하는 것인지 묻지도 않고 자신의 권위적 압력이나 위력으로
B의 이야기를 잘라버리려 한다.

'상대의 이야기를 듣지 않는' 것인데 제삼자의 눈에는 A가 '말
주변이 있고 당당하며 믿음직하게' 보일 수도 있다.

마찬가지로 일방적인 사람, 아전인수 격인 사람, 지배적인 사
람, 자기주장이 지나치게 강해서 상대방을 때려눕혀서라도 자기
뜻대로 하려는 사람들은 상대의 이야기를 듣지 않는다. 그런 사
람을 리더십이 있다, 추진력이 있어서 믿음직하다고 평가하기
도 한다.

얼핏 A가 B를 말로 이기고 B의 입을 다물게 한 것처럼 보일

수도 있다. 실제로는 이야기의 내용이 아니라 사물에 대해 단정적으로 평가하는 A의 자신만만한 성격이 믿음직하게 보이는 것이다.

하지만 사실은 그 반대다. A의 고압적인 말투에 B도 내가 질쏘냐 하고 감정적으로 반론하면 어떻게 될까? B는 A의 압도적인 기세에 움찔해서 뒤로 물러났을지도 모르지만 '감정적으로 다투고 싶지 않다', 또는 '여기서 논쟁해도 별 소용이 없다'는 이성이 움직였을지도 모른다.

일상생활에서도 자신의 주장을 억지로 관철하는 사람들이 적지 않다. 그런 사람들 대부분이 감정적이거나 공격적이거나 위협적인 말투로 상대방을 몰아붙인다.

'우는 아이와 마름에는 못 당한다'는 속담이 있다. 이것은 권력을 쥔 사람(마름)과 싸워봤자 승산이 없다는 뜻일 뿐 아니라 '그러니까 잠자코 시키는 대로 하는 게 상책이다'라는 의미도 있다. 하지만 대부분의 사람들은 승산이 없다기보다는 싸우기 싫어서 '져주는' 것이다.

톡 쏘는 말습관이
대화를 가로막는다

일상생활에서는 이런 대화가 적지 않다.

A "저거 사고 싶었는데."
B "나도 사고 싶은 거 많아."

A "그 일 했어?"
B "그런 거 할 시간이 어딨어."

A "여행 가고 싶어."
B "돈은 누가 내고?"

A "아, 피곤하다. 나 이제 늙었나 봐."
B "이제 알았어?"

A "오늘은 몸이 좀 안 좋네."
B "갑자기 조깅 같은 걸 한다고 하니까 그렇지."

A "머리가 아파."
B "게임 좀 작작하지그래."

A "그것 좀 하지 마."
B "너하고 무슨 상관이야."

그야말로 타인 중심의 대화다. 서로 상대의 이야기에 귀를 기울이지 않는다. 이런 대화가 일상적이면 말할 때마다 서로 상처받고 '거절하기도 무섭고 부탁하기도 무서운' 것이 당연하지 않을까.

타인 중심의 대화
자기중심의 대화

타인 중심의 사람들 사이에서는 이런 대화가 오간다.

"그거 못 봤어? 아무리 찾아봐도 안 보이네."

"아, 그거? 걸리적거려서 구석에 치워놨는데."

"왜 말도 없이 치워?"

"당신이 정리를 안 하니까 그런 거잖아!"

"어떻게 하든 그건 내 마음이야."

"걸리적거린다니까."

"걸리적거리면 버려도 된다, 이거야?"

"아니, 누가 버렸다고 했어?"

"시끄러워."

"기껏 치워줬더니 무슨 불평불만이 이렇게 많아."

이런 경우 부정적인 감정을 내비치게 되므로 계속 다툴 수밖에 없다.

자기중심의 사람들 사이에서는 이런 대화가 오간다.

"그거 못 봤어? 아무리 찾아봐도 안 보이네."

"아, 그거? 걸리적거려서 구석에 치워놨는데."

"그래? 하지만 항상 같은 곳에 있는 게 편한데."

"아, 그렇구나. 말도 없이 치워서 미안해."

"신경 써줘서 고맙지만 그건 원래 자리에 두면 좋겠는데."

"알았어, 그렇게 할게. 앞으로는 당신한테 물어보고 치울게."

일상생활에서는 거절하거나 부탁할 일이 많다. 서로 상대를 존중하면 '전달하고 거절하고 부탁하는' 대화를 통해 협력하는 관계가 이루어질 것이다.

거절할 때는
상대를 설득하지 마라

상대의 이야기를 듣지 않는 사람은 금방 상대의 말을 가로막거나 화제 전환을 해서 입을 다물게 한다. 그들이 상대의 이야기에 귀를 기울이지 않고 자신의 주장에만 열을 올리는 이유가 뭘까? 상대의 말을 듣고 나서 어떻게 해야 할지 모르기 때문이다. 또 상대와 소통하면서 문제를 해결할 능력도 없다.

애초에 상대와 이야기하는 방법을 모른다. 서로 대화하는 상황을 두려워하므로 단정적으로 말하거나 언성을 높이거나 위협하는 말투로 상대의 이야기를 단칼에 잘라버린다.

앞에서도 A는 "가치관을 정책에 반영할 수 있을 만큼 능력 있는 국회의원이 몇이나 되겠어요"라며 상대의 발언을 일언지하에 부정하고 이야기를 끝내려 한다.

'그런 능력을 갖고 있는 사람들은 한 명도 없다. 굳이 가치관 같은 걸 새삼스럽게 물어볼 생각도 없고 그리고 싶지도 않다. 가치관이 맞거나 틀리거나 자신이 하고 싶은 대로 하면 된다'고 말하는 것이나 마찬가지다.

그런 사람이 어떤 일을 강요하면 받아들일 생각이 없어도 마음이 약한 사람은 얼떨결에 떠맡게 된다. 그 일을 맡으면 예상치 못한 일이 기다리고 있을지도 모른다. '거절하기도 무섭고 받아들이기도 무서울' 때는 어떻게 해야 할까?

상대를 설득하려 하거나 상대의 모순을 지적해서 말로 이기려 드는 것은 소용없는 짓이다. 논리가 통하지 않는 사람들이기 때문이다.

그들은 "왜 이렇게 말이 많아. 하라는 대로 하면 되지"라는 식으로 상대를 몰아붙인다.

이런 상황에서는 가장 효과적인 것이 '자기표현'으로 거절하는 것이다. 상대가 주장하는 내용에 일일이 얽매이지 않아도 된다. 오히려 무시해도 괜찮다.

먼저 자신의 기분과 원하는 것이 무엇인지 파악하자. 그것을 '하고 싶은지' '하기 싫은지'를 정하는 것이다.

"(상대의 요청을) 거절하는 것은 두렵지만 (나는) 하고 싶지 않다."

이럴 때일수록 상대의 말을 따르기보다는 '하고 싶지 않은' 자신의 마음을 따르는 것이 훨씬 안전하다. 자신의 감정은 자신의 무의식에서 발신되는 신호이기 때문이다.

　'하고 싶지 않다'는 감정이 강하다면 무의식이 '그것을 받아들이면 번거로운 일이 일어날 가능성이 크다'고 자신에게 '경고하는 메시지'라고 할 수 있다.

　자신의 마음을 파악하기 위해서는 상대가 관련되어 있어도 일단 상대는 옆으로 제쳐두고 자신의 마음만 생각하자. 그런 다음 '나는 지금 어떻게 느끼는가. 어떻게 하고 싶은가'라고 자신의 마음을 찬찬히 들여다보자.

이메일, 문자메시지를
적절히 활용하라

자신을 믿고 거절하기로 결정했는데, 어떻게 말하면 상대가 순순히 단념할까? 그것을 위해 필요한 것이 '자기 감정의 언어화 + 의지'라는 공식이다.

먼저 자신의 마음을 파악한 다음 그것을 말로 표현하고 자신의 의지대로 판단을 내린다.

상대를 배려하기보다는 자신의 마음을 우선적으로 생각하면 다음과 같이 말할 수 있다.

"그 일을 받아들였다가 부담스러워지면 제가 거리를 두고 싶어질 것 같습니다."

"재촉당하는 걸 힘들어하는 성격이라 점점 부정적인 기분이 들 거 같아요."

"제가 물건을 돌려달라는 말을 잘 못 해서 문제가 생길까 봐 걱정이네요."

"그 일을 받아들이면 분명 고민할 거 같아요. 미안하지만 이 건은 못 하겠습니다."

"좀 과장해서 생각하는 걸 수도 있지만 제 마음이 내키지 않네요. 후회할 일은 하고 싶지 않습니다."

"솔직히 거절하는 게 두려웠습니다. 하지만 그런 이유로 받아들이면 제 스스로를 경멸하게 될 것 같네요. 이 건은 못 하겠습니다."

"겁쟁이라고 생각해도 상관없습니다. 제 마음 가는 대로 선택하겠습니다."

"거절하기도 두렵고 받아들이기도 두렵네요. 하지만 나 자신을 위해서 이 건은 하지 않겠습니다."

"힘이 되어드리지 못해서 미안해요. 이번에는 내키지 않아서요."

"제가 항상 실패하는 이유는 내 마음을 외면했기 때문이에요. 더 이상 내 마음을 배신하고 싶지 않습니다."

이처럼 자기 스스로 판단을 내릴 수 있다. 이렇게 끝을 맺으면 명확함이나 후련함, 혹은 자신감, 자부심, 자기신뢰를 느낄 수 있고, 상대도 더 이상 무리하게 요청하지는 않을 것이다. 직접 말로 하기 힘들다면 이메일이나 문자메시지로 의사 표시를 하는 방법도 있다.

부탁받은 즉시
곧바로 대답하지 않아도 된다

거절하지 못하는 것과 사과하지 못하는 것은 근본적으로 같다. 타인 중심에 빠진 사람일수록 사과를 잘 못 한다. 싸우기를 좋아하는 사람들은 항상 이기는 것이 유일한 목표이다. 그러므로 자신에게 잘못이 있어도 사과하지 못한다.

그들에게 사과하는 것은 패배를 인정하는 것이다. 지면 상대의 요구에 따라야 한다고 생각하기 때문에 100퍼센트 자신이 틀렸다고 인식할 때조차 인정하지 않고 막무가내로 주장하거나 책임 전가와 책임 회피를 한다.

그렇다면 왜 책임지는 것을 두려워할까? 타인 중심으로 생각하면 구체적인 책임의 범위가 보이지 않기 때문이다.

사과할 때 책임의 범위를 잘못 이해하면 과도하게 책임을 져야 할 수도 있다. 그것이 무서워서 사과하지 못하는 것이다.

어떤 일을 부탁받았을 때 냉랭한 태도로 거절해서 상대와의 관계가 악화되거나, 내키지 않는데도 받아들이고 나서 부담감에 후회하거나 화를 내는 것도 책임의 범위를 알지 못하기 때문이다.

거절할 수 있으려면 사과할 수도 있어야 한다. 그러기 위해서는 말할 것도 없이 '자신을 기준으로 삼아야 한다'.

업무상으로 어떤 일을 부탁받았을 때 처음부터 '해야 한다'는 생각을 하지 않고, 일단 '이 일을 내가 할 수 있을지, 없을지'를 자신에게 물어본다.

예를 들어 'A 부분과 B 부분은 내가 할 수 있으니까 받아들이자. D는 자신 없으니까 거절해야지. C는 할 수 있을 것도 같은데? 상세한 내용을 확인하고 나서 결정하자.'

이렇게 자신이 책임질 수 있는 범위를 구체적으로 파악해본다.

자신이 '해야 한다'는 마음에서 벗어나야 책임의 범위가 비로소 구체적으로 보인다.

곧바로 대답할 수 없다면 성급하게 결론을 낼 필요가 없다. 망설여진다면 더더욱 자신의 그런 마음을 존중하며 유연하게 대답한다.

"시간 좀 주세요."

"지금 당장은 대답하기 어려우니까, ○○일까지 답변을 드리도록 하겠습니다."

'할 수 있다, 없다'를
기준으로 생각하라

책임 범위가 명확하지 않으면 '상대방에게 전달한 것이나 마찬가지니까, 당연히 그렇게 알고 있어야 하는 거 아냐'라는 식으로 일한다. 그러다 문제가 발생하면 '말을 했다, 안 했다'로 실랑이하고 책임 소재도 애매모호해진다.

'할 수 있다, 없다'를 기준으로 삼으면 자신이 구체적으로 어디까지 책임질 수 있는지 알게 되므로 그런 문제를 미리 방지할 수 있다.

상대에게 요청받았을 때는 '할 수 있는 범위'만큼 받아들이는 것이다. 그 '할 수 있는 범위'가 자신의 책임 범위이기도 하다.

"A는 이번 달 중순까지 할 수 있습니다. B는 다음 달 초까지

납입할 수 있습니다."

이렇게 책임 범위를 명확히 규정하고 제안할 수 있다. '못 하는' 것을 거절하면 문제가 발생할 위험이 줄어든다.

할 수 없는 범위까지 받아들여야 한다면 문제의 소지가 있는 것에 대해 미리 예방책을 세워서 말한다.

"C는 재료가 준비되어야 착수할 수 있으니 다음 달 말이나 납입할 수 있겠네요. ○○일까지 착수하지 못하면 납기가 늦어질 겁니다. 그게 안 된다면 다른 방법을 의논드릴게요."

상대의 요청을 전부 받아들이거나 전부 거절하는 '0이냐 1이냐'라는 발상이 아니라 '할 수 있다, 없다'를 기준으로 결정하게 된다.

"A는 협력할 수 있지만 B는 안 됩니다."

"여기까지는 협력할 수 있습니다. 그래도 괜찮으시겠어요?"

"2시간 정도밖에 없는데 그래도 괜찮으시면 도와드리겠습니다."

"지금 하고 있는 일이 끝나면 괜찮아요."

"끝까지 다 할 수 없어도 괜찮을까요?"

이렇게 자신이 부담스럽지 않은 '중간적 거절'이나 '중간적 받아들이기'가 가능할 것이다.

"힘이 되고 싶지만 그건 불가능하네요."

"제가 할 수 있는 건 여기까지입니다."

"저한테도 책임이 생기니 이번 건은 할 수 없습니다."

"저도 성의를 갖고 대처했습니다. 더 이상은 거절하겠습니다."

책임지는 것을 겁내지 않으려면 애초부터 '책임질 수 있는 범위' 내에서 일을 맡아야 한다. 그러면 때로는 단호하게 거절할 수 있을 것이다.

전부 거절하거나
전부 받아들이거나?

　사람들은 남에게 부탁받으면 '전부 거절할지', '전부 받아들일지' 둘 중 하나를 선택하는 경향이 있다. 하지만 거절하는 방법과 부탁하는 방법에는 '0이냐 1이냐'의 양자택일이 아닌 '0에서 100'까지의 방법이 있다.

　0에서 100 사이에는 '1에서 99'까지의 거절 방법이나 부탁방법이 있다.

　이것을 자기중심 심리학에서는 '중간적 거절하기, 중간적 받아들이기'라고 부른다.

　이것이 잘될수록 '거절하는 법'은 '받아들이는 법'이기도 하며, '부탁하는 법'이기도 하고 '사과하는 법'이기도 하다는 걸 알 수 있다.

자기중심의 관점으로 생각하지 않으면 '중간적 받아들이기'를 할 수 없다. '할 수 있는가, 할 수 없는가', '하고 싶은가, 하고 싶지 않은가'를 중심으로 생각하기 때문이다.

예를 들어 '0 아니면 1'이라는 사고방식을 가진 사람은 업무상 어떤 문제가 일어났을 때 금방 '그만둘지 말지'를 고민한다. 부부 사이에 문제가 생겼다면 '이혼할지 말지' 생각하는 것과 같다. 연인이면 금방 '헤어질지 말지'라는 양자택일이 되고, 부모 자식 간이라면 '호적에서 파낼지 말지'라는 말을 내뱉는다.

모든 것을 극단적으로 생각한다면 결국 협박 외에 할 수 있는 것이 없다. 이런 사람들은 상대방과 이성적으로 대화하는 방법을 모른다.

원래 '무엇이 문제이고 무엇이 일어났는지' 알지 못하기 때문에 무엇을 어떻게 대화하면 좋을지 알 수 없다. 그러므로 최종 수단으로 협박 비슷한 말로 상대방이 자신의 말을 따르게 만들려는 것이다.

'안 돼'라는 말보다 '~하지 않을래?'

우리의 일상생활에는 협박 투의 대화가 아무 거부감 없이 스며들어 있다. 예를 들어 부모는 종종 아이에게 이렇게 말한다.

"이거 빨리 치우지 않으면 장난감 전부 갖다 버릴 거야."

"유치원에 안 가면 친구하고 못 놀게 할 거야."

"공부 안 하면 용돈은 없는 줄 알아."

"밥 안 먹으면 간식 안 줘."

"일찍 일어나지 않으면 텔레비전 금지야."

"시간을 안 지키면 게임 못 할 줄 알아."

이런 말들은 협박으로 느끼지 못할 정도로 매일 듣는다.

원래 '~하지 않을래?'라고 제안해야 하는 것이지 요청하거나 심지어 지시하거나 명령해야 할 일이 아니다.

좀 더 엄밀히 말해 서로 '상대의 자유를 인정한다'는 원점에서 생각한다면 '정리를 하지 않아도, 유치원에 가지 않아도, 공부하지 않아도, 밥을 먹지 않아도' 그것은 아이의 자유다. 물론 자유에는 책임이 따른다.

자유와 책임이 근본적으로 침해되고 있으므로 '말하지 못하고, 거절하지 못하고, 부탁하지 못하는' 일이 일어난다고 해도 과언이 아니다.

일단은 '아니오' 나중에 '오케이'

어느 가정에서 아내가 2층에 있는 남편에게 버럭 소리를 질렀다.

"아니, 가방을 또 이런 데 팽개쳐놨네. 빨리 제자리에 갖다 놔요!"

아내의 목소리에 놀란 남편은 황급히 계단을 뛰어 내려가다 발목을 삐끗하고 말았다.

남편은 아내 앞에서 '이게 다 당신 탓'이라는 태도로 과장되게 발목을 문질렀다. 아내는 '내가 또 소리 질렀네'라고 자책하면서도 미안하다고 말하지 않았다.

'내가 소리를 지르는 바람에 남편이 발목을 삐었어. 하지만 사과하고 싶지 않아. 좀 더 부드럽게 대하면 좋은데 왜 이렇게 남편

한테 소리만 지를까.'

남편은 발목을 감싸면서 불쾌한 목소리로 "바로바로 치우지 않으면 어디 큰일 나나?"라고 들으라는 듯 말하며 가방을 치운다.

어느 가정에서나 흔히 볼 수 있는 광경이다.

이럴 때 서로 '상대의 자유'를 인정한다면 남편이 자신의 가방을 내팽개치는 것도 자유라고 생각할 수 있다. 그러면 남편을 자기 말대로 따르게 하려는 마음이 점차 사라지면서 적어도 소리를 지르지는 않을 것이다.

남편에게도 나름의 이유가 있다. 아내가 보기에는 그것이 불합리하다 해도 그렇게 하고 싶을 수도 있다.

아내도 마찬가지로 나름의 이유가 있다. 소리 지르는 것은 바람직하지 않지만 그래도 소리 지르고 싶어지는 이유가 있다. 무의식의 관점에서 말하면 서로 각자 부정적인 감정을 해결하지 못하고 그것을 상대에게 던지는 것이다.

이런 경우 '상대의 자유'를 인정한다면 아내는 "당신 가방은 방에 갖다 놔요"라고 남편에게 요청해야 한다.

남편도 무의식중에 '아내가 잔소리하면 금방 따라야 한다'고 반응한다. 남편이 '자신의 자유'를 명확하게 자각하고 있다면 아내의 감정에 그런 식으로 반응하지 않을 것이다. 감정적이 될지 말지는 '아내의 자유'라고 해석하고 자신의 상황을 우선 생각해서 "지금 ○○하고 있으니까 1층에 내려가면 그때 치울게"라고 거절할 수도 있다.

아내가 상대의 자유를 인정하면 아내가 할 수 있는 것은 남편이 자기 말을 따르도록 소리를 지르는 것이 아니라 요청하는 것이다. 그렇게 함으로써 아내는 남편 일로 소리를 지르거나 죄책감을 느끼는 일이 확연히 줄어든다.

남편은 자신의 자유를 인정하면 '아내의 말을 따르지 않아도 된다'고 이해할 것이다. 그리고 무심코 아내의 말을 따르려는 것을 자신의 문제로 받아들일 것이다. 아내가 하라는 대로 하기 때문에 발목을 삔 것도 아내의 탓으로 돌리는 것이다.

남편이 자신의 자유를 인정하면 아내가 감정적으로 말해도 자신을 존중하며 '할 일부터 하고 나서 정리하자'고 생각할 수 있다. 이런 의식이 바닥에 있기에 거절할 수 있다. 자신의 마음을 우선적으로 고려해서 행동하면 남 탓을 하지 않게 된다.

아내는 이것 말고도 남편에 대해 여러 감정이 쌓여 있어서 남편에게 사과하고 싶지 않은 기분이 든다. 그러나 남편이 잘못을 했더라도 '소리를 지르는' 방식으로 상대를 자기 말에 따르게 하는 것은 상대의 영역을 '침범'하는 것이다. 상대의 영역에 무단 침입하기 때문에 분노나 죄책감 등 부정적인 감정이 든다. 그 일로 힘든 것은 다름 아닌 자신이다.

거절 잘하는 사람이
사과도 잘한다

상대에게 소리를 질렀다면 '소리 질러서 미안해'라고 사과함으로써 자신의 부정적인 감정을 놓아버릴 수 있다. 그것은 상대를 위해서만이 아니다. 사과하는 행위는 항상 자신을 위한 것이기도 하다.

자신이 잘못했다는 것을 알면서도 사과하지 않으면 그 감정은 시간이 지나 응어리로 남는다. '졌으니까 사과한다'는 식으로 해석한다면 자신이 불리해지는 기분이 들 것이다.

'상대방과 자신을 대등한 관계로 돌려놓기 위해 사과한다'고 해석하면 어떨까.

자신의 잘못을 인정하지 못하면 승부에서 진 것 같고 열등감을 느끼거나 비굴해지거나 약점을 잡힌 듯한 기분이 들기도 한다. 그러나 이런 기분이 드는 이유는 상대에게 졌기 때문이 아니라 자신의 잘못을 인정하지 못했기 때문이다.

상대를 위해서가 아니라 자신을 위해서 사과한다고 인식하면 결연한 의지가 싹틀 것이다.

'사과하면 내 마음이 홀가분해질 거야.'

그렇게 함으로써 자기신뢰와 자부심을 회복할 수 있다.

상대를 존중하는
거절의 기술

　지금까지 이야기를 전체적으로 살펴보면 서로 상대의 자유를 인정하지 않고 상대의 자유를 침해해서라도 자신의 말을 따르게 하려는 것이 거절하거나 부탁할 때 두려움을 느끼게 하는 원인임을 알 수 있다.

　거절할 때나 부탁할 때도 상대를 번거롭게 해서 미안하다고 생각하는 한편 자신이 상처받을까 봐 겁이 난다.

　서로의 자유를 존중한다면 부탁할 때 '상대의 동의를 얻는' 것에 중점을 두지 않을까. 하지만 사람들은 서로의 자유를 인정하지 않고 상대의 동의를 얻어야 한다는 것을 인정하지 않는다.

　상대가 받아들일지 아닐지는 상대의 자유다. 그것을 인정하지 않기 때문에 상처받는 것을 두려워하고 그 때문에 상대를 자신의 말에 따르도록 강요하다가 더욱 서로 상처를 주는 악순환에 빠진다.

상대에게 요청했을 때 상대가 동의해야 비로소 그 요청이 성립된다. 머리로는 알고 있지만 막상 누군가에게 실제로 부탁할 때 사람들은 상대방이 자신의 부탁을 받아들일 것을 상정하고 있으므로 가슴으로는 상대방이 거절하는 것을 용납하지 않는다.

그 기대감과 확신이 강한 사람일수록 상대가 자신의 부탁을 거절하면 상처받는다. 사람에 따라서는 거절당한 것을 '용서할 수 없다'며 그 사람을 미워하기도 한다. 요즘에는 거절했다는 이유로 위해를 가하는 상해 사건이 놀라울 정도로 늘고 있다.

어떤 일을 요청할 때 무의식적으로 '거절하기만 해봐라'는 생각이 깔려 있다면 그것이 상대방에게도 전달된다. 그러면 상대는 거절하기가 무서워진다. '상대방에게 거절할 자유가 있다'고 진심으로 생각하지 않으면 부탁하는 것도, 거절하는 것도 두려워진다.

'그렇습니까', '그렇군요' 마법의 말

어떤 일을 부탁했을 때 거절당하면 상처받을 거라고 유독 민감하게 생각하는 사람들이 있다. 그것은 '나의 자유'를 인정하지 않기 때문이다. '나의 자유'를 진심으로 인정한다면 다른 식으로 대화하게 된다.

예를 들어 대화 상대에게 "그런가요"라고 먼저 말하기만 해도 대화의 흐름이 전혀 다르게 진행될 것이다. 상대는 여러 가지 의견을 당신에게 말할 수 있고, 그 의견은 당신이 생각하는 것과 다를 수 있다.

상대에 따라서는 '이렇게 해라', '저렇게 해라'고 밀어붙이기도 할 것이다. 그럴 때도 "그런가요"라고 말하면 상대가 밀어붙이는 것을 어느 정도 멈출 수 있다.

　물론 '그런가요'에는 "당신은 그렇게 생각하는군요. 하지만 나는 이렇게 생각합니다"라는 의미가 포함되어 있다.

　"당신의 생각이나 마음은 이해했습니다"라는 의미에서 "그런가요"라고 하는 것이다. 상대의 마음을 헤아린다고 해서 상대의 말에 동의한다는 것은 아니다. '그런가요' 뒤에는 이런 말이 이어질 것이다.

　"그런가요. 알겠습니다. 조언해주셔서 감사합니다. 잘 기억해 두겠습니다."

　"그런가요. 이해했습니다. 참고하겠습니다."

　"그랬구나. 알았다. (하지만) 지금 시간이 없으니까 나중에 해도 될까?"

　"그렇구나. 말해줘서 고마워. (하지만) 운전 중에 이런 얘기하기는 좀 위험하니까 차를 세우고 나서 얘기하자."

　"그런가요. 알았습니다. 허심탄회하게 말해줘서 감사합니다. (하지만) 저는 솔직히 이렇게 생각합니다."

　"(전화로) 그런가. 자네가 말하고 싶은 건 잘 알겠네. (하지만) 오늘 집에 가서 천천히 들을게."

　"그런 거였구나. 그렇게 생각하는 것도 이상하지 않군요. (하지만) 나는 그때 이렇게 생각했습니다."

이렇게 흔들리지 않을 자신이 있으면 상대의 이야기를 받아들일 수 있을 것이다.

상대의 감정에 휘둘리지 않는
3가지 핵심 기준

'나의 자유'를 인정하면 상대의 행동에 좌지우지되지 않는다. 가장 중요한 것은 자신의 마음과 감정을 중심으로 생각하고 말하는 것이다. 그러기 위해서는 다음 3가지를 명심해야 한다.

1. 가능한 자신의 마음이 원하는 선택을 하겠다고 정한다.
2. 자신에게 부담이 되지 않는 범위 내에서 받아들인다.
3. 거절할 때나 부탁할 때는 자신의 마음에 부정적인 감정이 남지 않도록 이야기한다.

3가지를 중심으로 생각하면 상대의 감정에 끌려가지 않는다.

상대가 감정적인 말투, 공격적인 말투, 빈정거리는 말투로 말해도 '그런가요', '그렇군요'라고 받아들이면 상대의 의도에 넘어가지 않고 대답할 수 있다.

예를 들어 이런 식이다.

"뭐야, 아직 빨래를 안 걷었어?"

"그렇게 됐어. 시간이 없어서. 아, 마침 잘됐네. 이거 좀 세탁기에 넣어주지 않을래?"

"이런 곳에 (이걸) 놓아두면 넘어지잖아!"

"그렇구나. 아직 사용해야 하니까 조심해서 걸어가."

"(자신의 일을) 남한테 맡기려고 하시네요."

"네, 그렇습니다. 이번에는 ○○씨들이 도움을 주셔서 정말 감사합니다. 모두 서로 돕는 직장에서 일할 수 있어서 정말 고맙습니다."

예를 들어 부모가 감정적으로 '부모 자식 간의 인연을 끊겠다'고 엄포를 놓았다 해도 이성적으로 대답할 수 있다.

"연을 끊으면 앞으로 아버지, 어머니가 편찮으시거나 사고를 당하거나 어디를 다쳐도 연락하지 않는다는 건데 그래도 괜찮아요?"

또는 그런 위협에 굴하지 않고 "아버지는 그러실지도 모르죠. 하지만 저는 그럴 생각이 없어요"라고 딱 부러지게 말할 수 있을 것이다. 그렇게 말하면 내심 부모도 안도의 한숨을 쉬지 않을까.

'하지만'이라는 말은
사용하지 않는다

앞에서 예시를 든 대화에서는 '하지만'이라는 말이 생략되어 있다. 일반적으로는 '하지만, 그러나, 그렇지만'이라는 말이 들어가게 된다.

'하지만'이라는 말은 타인 중심의 사람이 저도 모르게 사용하는 전형적인 말이다. '하지만'을 입버릇처럼 말하는 사람들도 적지 않다.

상대가 어떤 말을 해도 '하지만, 나는', '하지만, 당신은', '하지만, 그것은', '하지만, 그렇게 말씀하셔도'와 같이 '하지만'을 연발하면 상대와의 관계는 나빠질 수밖에 없다.

평소에 가능한 '하지만'이라는 단어를 사용하지 않는 것이 좋다. '하지만'을 자주 쓰면 뭔가 깔끔하지 않은 잔여물이 남는 듯한 기분이 들 것이다.

이럴 때 말과 말 사이에 충분히 '사이'를 두면 '하지만'을 사용하지 않아도 된다. 대화를 주고받는 그 시간을 소중히 여기는 마음으로 이야기하면 충분히 '사이'를 둘 수 있다. 자신이 할 말을 음미하는 시간이기도 하다.

예를 들어 "그랬구나. 알겠어. (하지만) 지금은 시간이 없는데 나중에 해도 되지?"라고 대답한다고 하자. "그랬구나. 알겠어……"라고 상대의 말을 받아들이고 나서 틈을 두고 상대의 이야기를 마음으로 느낀다. 그러면 '하지만'이라는 말을 사용할 필요가 없을 것이다.

대화에 틈을 두면
소통에도 숨통이 트인다

'사이'를 둘 수 있다는 것은 상대방의 주장(내용)도 상대의 자유라고 받아들인다는 뜻이다. "나한테는 내 생각이 있어. 나 자신을 존중해"라며 '나의 자유'를 중시하고 자신의 마음에 따르려고 결정했다면 마음이 흔들리지 않는다. 그러면 상대방에게 "나중에 (더 많이 이야기하자) 해도 되지?"라고 말할 수 있다.

그것은 또한 문제를 해결해서 응어리를 남기고 싶지 않은, 즉 자신의 마음을 가볍게 하고 싶다는 생각을 표명하는 것이다.

상대가 '○○을 해달라'로 요청할 때도 자신에게 부담이 되지 않는 범위 내에서 선택하기로 정했다면 주저하지 않고 자신의 결단을 말할 것이다. 또한 상대에게 '부담이 되지 않는' 제안을 할 수 있도록 상대의 입장을 배려하는 마음이 생길 것이다.

3가지 기준에 따라 결정할 수 있다면 서로 적극적으로 중간적인 거절이나 중간적인 받아들이기를 할 수 있는 다양한 대안이 떠오를 것이다.

그렇게 된다면 거절하고 부탁하는 것이 무섭다며 겁을 내기보다는 서로 '돕고 싶고 협력하고 싶다. 힘이 되고 싶다. 도와주고 싶다'는 긍정적인 욕구와 기쁨이 솟아날 것이다.

대화 상대에게 "그런가요"라고 먼저 말하기만 해도 대화의 흐름이 전혀 다르게 진행될 것이다. '그런가요'에는 "당신은 그렇게 생각하는군요. 하지만 나는 이렇게 생각합니다"라는 의미가 포함되어 있다. "당신의 생각이나 마음은 이해했습니다"라는 의미에서 "그런가요"라고 하는 것이다.

상대의 감정에 끌려가지 않는 3가지 핵심 기술

1. 가능한 자신의 마음이 원하는 선택을 하겠다고 정한다.
2. 자신에게 부담이 되지 않는 범위 내에서 받아들인다.
3. 거절할 때나 부탁할 때는 자신의 마음에 부정적인 감정이
   남지 않도록 이야기한다.

'아니'라고
말하고 싶을 때 읽는 대화법

© 밀리언서재, 2021

초판 1쇄 인쇄 2021년 6월 20일
초판 1쇄 발행 2021년 6월 25일

지은이 이시하라 가즈코
옮긴이 오시연
펴낸이 정서윤

책임편집 추지영
디자인 정혜욱
마케팅 신용천
물류 비앤북스

펴낸곳 밀리언서재
등록 2020. 3. 10 제2020-000064호
주소 서울시 마포구 동교로 75
전화 02-332-3130 **팩스** 02-3141-4347
전자우편 million0313@naver.com

ISBN 979-11-91777-00-0 03190
정가 15,000원